U0001690

マンガでわかる! 心理学超入門

漫畫

面對不解的人與事

就用心理學戰鬥

監修
YUUKI YUU
邱心柔 譯

掌握76個實用心理技巧，
終結人際壓力
最完整的
心理學情境大全

主要登場人物

小松川胡桃

製鞋公司迪波達的新進員工。隸屬於營業總部。個性認真努力，但工作上屢屢受挫，於是回學校找恩師袴田教授商量，在那裡遇到了 Yuu 講師，從此開始和他學習心理學。

Yuu 講師

秀智大學的講師。在袴田教授請求下開始為胡桃諮詢，教導胡桃心理學的應用技巧。雖然從外表看不出來，但其實他熱愛甜食且食量驚人。

袴田教授

秀智大學教授。Yuu 講師與胡桃的恩師。為了讓他們兩人有諮詢的場地，白天開放教師研究室供兩人使用。

黑田光輝

迪波達的新進員工。隸屬於區域營業部。與胡桃一同擔任新進員工歡迎會的負責人。

間宮涼平

迪波達的營業總部主任。胡桃的主管。看到胡桃消沉的樣子很為她擔心，但卻沒發現是自己一手造成的。

奧原麻衣

秀智大學三年級學生，胡桃的學妹。袴田教授研討會的成員。總是勇往直前，對 Yuu 講師的諮詢會很感興趣。

笹川櫻

迪波達的新進員工。隸屬於營業總部。為首屈一指的美女，與同期進公司的陽太及胡桃成為好友。

樋口一志

四〇〇公尺賽跑的日本代表候補選手。星海大學研究生。協助迪波達測試新開發的鞋款。

淺田陽太

迪波達的新進員工。隸屬於營業總部。性格開朗，與同期進公司的櫻與胡桃成為好友。

日常生活的心理學應用①

第1章

20XX年5月

小松川胡桃

任職於製鞋公司「迪波達」的營業總部

唉…

明明剛進公司的時候還充滿幹勁，過了兩個月竟然就變得這麼憂鬱…

咚！

算了，妳去午休吧。
看來主管已經氣到無奈了…
秀智大學

以前寫畢業論文時常來這，

待在這裡比待公司舒服多了。

我～要～開～動～了～

喀啦！

好香的味道…

唉呀，妳已經到了啊！
袴田教授…
我都叫你老老實實等我了，
你竟然還在舔棒棒糖。
袴田教授
私立秀智大學
心理學系教授
別這樣嘛，
只不過是吃個糖果而已。
Yuu講師
私立秀智大學
約聘講師
老師您也一樣，還不是沒跟我說有客人要來。
那個…
喔，對了對了。
Yuu，她是我今年剛畢業的學生。
她在公司裡遇到一些問題，所以今天來找我商量。

我請她買便當過來，想說和她一起吃午餐。
緊盯～～
原來是這麼回事啊！
不過，我實在不擅長給人實用的建議。
哇
但我認為你是個合適的人選。
喀啦！
啊？
小松川，他叫Yuu。
妳有什麼煩惱都可以找他商量。
他的本業是心理診所的院長，這學期我找他來當約聘講師。

我叫小松川胡桃！
之後要麻煩你多多關照了！
喀滋
喀滋
喀滋
真是敗給你了……
好了，便當都快冷掉了。

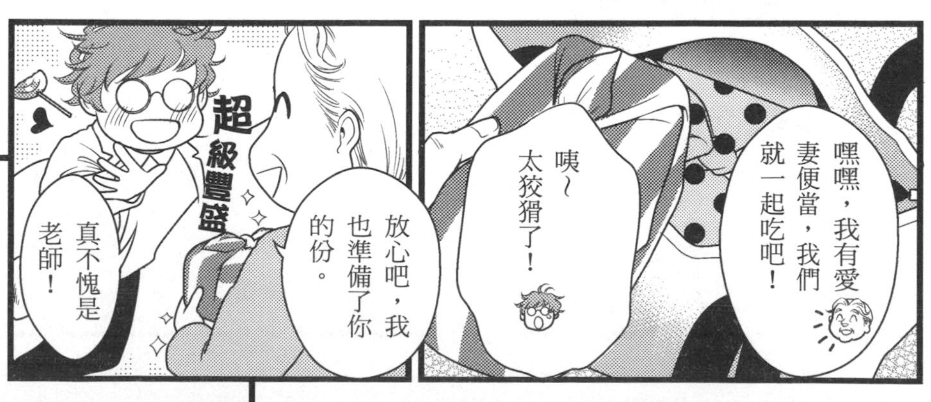

嘿嘿，我有愛妻便當，我們就一起吃吧！
咦～太狡猾了！
放心吧，我也準備了你的份。
超級豐盛
真不愧是老師！

總之…

雖然妳已經順利找到工作，但工作上卻一直不順利，讓妳很煩惱。

但是，袴田老師上課時都說「心理學無法解決人生的煩惱」…

是啊。

因為我擅長的是認知心理學的基礎研究。
而且，我不希望有一堆學生找我商量煩惱，所以就在課堂上婉拒學生的請求。
所以我並沒有打算要商量具體的問題…

為什麼呢？
心理學也可以解決具體的煩惱喔！
咦，
是這樣嗎？

妳有多了解心理學呢？
這個嘛⋯⋯
心理學是針對內心的狀態、反應與行為，
研究出相應的原理與理論。
是啊。
咯咯咯
但這講的只是基礎心理學。

心理學檔案 1
心理學是什麼？

心理學研究人類的知覺，及探討人類會基於什麼想法採取行動。

應用心理學		基礎心理學	
臨床心理學	犯罪心理學	實驗心理學	認知心理學
教育心理學	宗教心理學	學習心理學	發展心理學
用基礎心理學得出的理論或原理，來解決實際問題。		藉由實驗推導出心理方面的科學原理。	

➡ 請見27頁！

我專攻的臨床心理學，
目的就在於解決實際發生的問題。
咦？

可是，我並不是想找心理諮商…

Yuu很擅長教人應用心理學小技巧。
畢竟要解決內心煩惱，
往往還是從解決實際問題下手會比較快。

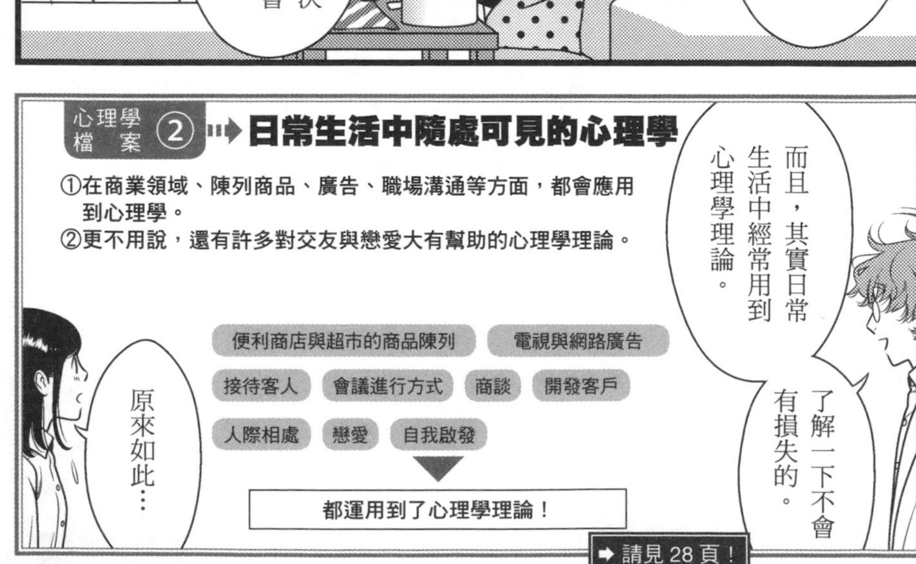
心理學檔案②
日常生活中隨處可見的心理學
①在商業領域、陳列商品、廣告、職場溝通等方面，都會應用到心理學。
②更不用說，還有許多對交友與戀愛大有幫助的心理學理論。
便利商店與超市的商品陳列
電視與網路廣告
接待客人
會議進行方式
商談
開發客戶
人際相處
戀愛
自我啟發
都運用到了心理學理論！
而且，其實日常生活中經常用到心理學理論。
了解一下不會有損失的。
原來如此…

➡請見28頁！

妳現在最大的煩惱是什麼？

…川。
小松川。

是!!
啊，走掉了。
什麼事？

其實啊，間宮主任剛剛一直在叫妳。
咦！
間…

我現在和主管間的氣氛很沉重。
我很想好好加油，但我越著急就會把事情弄得越糟…

妳的主管是個怎樣的人呢？
呃…
那我們就先看看「PM理論」吧！

上司可以分成四種類型。

心理學檔案③ PM理論

這個理論由三隅二不二所提出。P（performance）＝達成工作績效能力；M（maintenance）＝維持良好群體關係能力。大寫字體代表該能力較強，小寫字體代表該能力較弱。

理想上司型（PM型）	工作狂型（Pm型）	和平主義型（pM型）	遊手好閒型（pm型）
訂出目標後必定達成，也具有高度統率能力，因此達成績效能力也高。	對工作抱有高度熱情，但很少顧慮到屬下。	優先考慮屬下心情，但工作績效較差。	缺乏統率能力，也不太花心思在工作上。此類型不適合擔任領導者。

➡ 請見29頁！

照這個分類來看，他應該比較接近工作狂型…

既然這樣，與其一直道歉，
倒不如注意不再犯相同的錯誤，才能取得對方的信任。

原來如此。

我犯錯後為了得到對方原諒，總是一直道歉。

嗯——是不是剛進公司就讓對方留下不好的印象呢…

這表示妳在「**初始效應**」上失敗了。

咦，是這樣啊!!

心理學檔案④ 初始效應 第一印象會對往後產生持續性的深遠影響。

如果第一印象很好…

主管：「沒關係，犯點錯是難免的，別在意。」

如果第一印象很差…

主管：「妳就是平常都漫不經心的才會犯錯，多注意一點啊！」

➡ 請見 30 頁！

找工作時明明學過這個，我卻忘得一乾二淨了。

不知道是不是因為內心總是喘不過氣，我經常會把交辦事項忘個精光…

也有心理學理論是在講如何提升記憶力喔！

心理學檔案⑤ ➡ 西格比七項記憶理論

由心理學家肯尼斯．西格比所提出，是一套幫助記憶根植大腦的理論。

①意義化	賦予對象物意義。例：Apple ＝蘋果。
②組織化	建立一套融貫系統。例：英文文法。
③聯想	將新事物與已知事物結合。例：用相近的發音背誦歷史年分。
④視覺化	記住具體的圖像。例：Apple ＝🍎。
⑤注意力	將注意力轉向對象物。例：考試範圍。
⑥興趣	喜歡的事物較容易記住。例：喜歡的歌詞。
⑦反饋	複習或受人讚美。例：複習上課內容。

➡ 請見 31 頁！

雖然做了筆記，但到了關鍵時刻卻常常想不起來……
我一定會好好參考的！

嗯！
很高興能幫到妳。
淚流滿面——
咦？

但是，因為初始效應造成別人對我印象不好，之後就無法輕易改變了吧⋯⋯

有需要哭嗎？

也只能一點一滴減少犯錯次數了⋯⋯

不過，妳的「**自我監控**」程度似乎比較低。

自我監控？

妳可以先試試看，注意周遭的人有什麼想法，接著再發言或行動。
蹦！
上司
同事

心理學檔案 ⑥ ➡ 自我監控

藉由觀察周遭的人，了解自己的定位後，跟著改變自己的言行舉止。

低監控 不在乎周遭人的看法，始終貫徹自己的看法或意見。

反正我就是笨手笨腳的！

喀啦

喀啦

高監控 能根據周遭狀況流暢自如地改變言行舉止。

B比較好吧！

果然還是A好！

C太棒了！

自我監控過高會變成八面玲瓏的人。

監控過低又會變成冥頑不靈的人。

所以最好能取得良好的平衡。

➡請見32頁！

這樣啊…這麼一說，我好像都不太注意周遭情況…
我會多注意的！

再教妳一個，
有一個可以運用在任何方面的理論，叫「**互惠原理**」。

心理學檔案 ⑦ ➡ **互惠原理**

當對方向自己展現善意時，自己也會向對方報以善意。
此理論可應用於戀愛、銷售時提供試用品等方面。

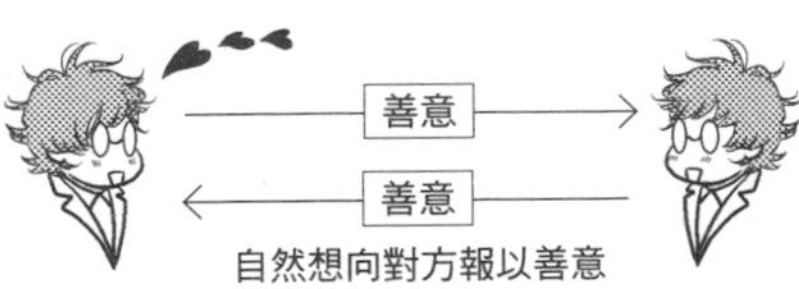

➡ 請見33頁！

Yuu每週一、四、五會來學校，這幾天的中午隨時都可以來找他商量事情。
等一下！

咦…
真的可以嗎？
嗯…

實在是太感謝你了！

鞠躬
那麼，
之後也麻煩你多多照顧了！

話說回來，沒想到老師您還真是狡猾耶。

嘴上說不擅長實用的心理技巧。

但今天不就運用了「午餐技巧」嗎？

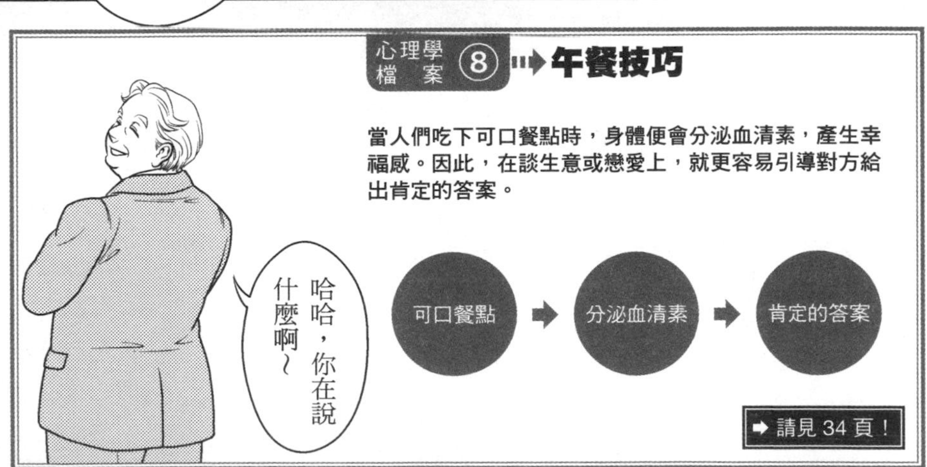
心理學檔案 ⑧ 午餐技巧
當人們吃下可口餐點時，身體便會分泌血清素，產生幸福感。因此，在談生意或戀愛上，就更容易引導對方給出肯定的答案。
哈哈，你在說什麼啊～
可口餐點
分泌血清素
肯定的答案
➡ 請見 34 頁！

話說回來，沒想到我還真有這麼一天，能親眼看到你指導學生的樣子…
深深吟味
看來我活得還真久呢！
老師您才五十多歲而已吧～

讓我好好報答您的教導之恩吧！

能吃到師母做的便當，

我的付出也是值得的！

心理學檔案 1

關鍵字 ▶ 心理學是什麼？

基礎心理學與應用心理學

心理學是什麼呢？

簡單來說，心理學就是一門探究並釐清人類心理運作方式的學問。

受到讚美會感到喜悅，受到責罵會情緒低落——雖然這是人心基本的運作模式，但有些人受到讚美也不會高興，有些人無論怎麼責罵依然笑容燦爛。心理學的工作就是在探究諸如此類的內心運作機制。

心理學可細分出五花八門的領域，但大致上可分為兩大領域：**基礎心理學**主要目的在釐清心理的運作機制，研究人們看待事物的方式、感受及反應；**應用心理學**則以這些理論為基礎，實際應用於社會當中。

五花八門的心理學領域

心理學除了分成「基礎心理學」（闡明普遍的心理運作原理）與「應用心理學」（將這些原理應用於社會的實際問題），還可以再進一步細分。

【基礎心理學】

實驗心理學	認知心理學
以推導出一套理論或原理為目標，因此重視實證性實驗。	以人類的知覺與理解等高水平認知功能為研究對象。
學習心理學	**發展心理學**
研究人類學習後的行為，而非與生俱來的先天行為。	研究人類從嬰幼兒時期到老年期，隨著年齡成長所出現的各種發展性變化。

【應用心理學】

臨床心理學	犯罪心理學
目標為治療與研究人們的精神障礙等心理問題。	從犯罪者的特質與環境研究人類為什麼犯罪。
教育心理學	**宗教心理學**
將心理學應用於教育領域上，探究出一套效果良好的教育方式。	以心理學研究與宗教有關的各種現象。

心理學發展

人們從西元前就已經開始嘗試解析人類心理。許多思想家與哲學家皆對「心是什麼？」、「心位於哪裡？」提出各自主張。而心理學則是自德國心理學家馮特（Wilhelm Maximilian Wundt）提出「以實證性實驗建構心理學」，才正式確立為一門學問。如今我們的日常生活中能運用各式各樣的心理學理論，可以說都是馮特的功勞呢！

心理學檔案

2

關鍵字 ▼ 日常生活中隨處可見的心理學

心理學的影響

心理學雖然是一門在大學研究的專業學術領域，但**它也與我們的日常生活息息相關**。只要能了解人心的運作方式，就會對現實生活、工作與人際關係有很大的幫助。

如果能成功做到「靈活運用心理學的知識，應對事物時充分掌控自己的內心，適當影響對方的心理」，你的生活想必會更加輕鬆。

事實上，各式各樣的領域都應用到了心理學，例如：企業的行銷與設計、工作場所與醫院的諮詢方式等。

日常生活中的心理學應用範例

在生活的各個領域中，都運用了心理學理論與原理。

便利商店與超市的商品陳列

為何要在收銀機前面擺放商品？

「參照依賴」：人們會以裝滿的購物籃作為衡量商品價值的基準，因此往往會忍不住購買收銀機前方商品。

電視與網路廣告

為何要以受歡迎的藝人擔任代言人？

「月暈效應」：人們對藝人的好感度高，對商品的好感也會隨之提升。

會議進行方式

為何當他人不斷提出某個主張時，自己就會開始想採納這套意見？

「少數人影響力」：當少數派不斷提出一貫的主張時，便會對多數派產生影響。

開發客戶

為何當對方提出第二個請求時，就會忍不住答應對方？

「以退為進策略」：當對方一開始提出過分的請求後，接著再提出較能接受的請求，人們就會很容易接受。

心理諮商

現代人們對於心理學的普遍認知是「主要是心理諮商對社會有直接幫助」。在臨床心理學當中，心理諮商確實是釐清案主問題的重要方法之一，但它並不能當作心理學最具代表性的實用範例。像這種人們對心理學的通俗性認知，又稱為「大眾心理學」。

心理學檔案 3

如何應付不同類型的主管？

關鍵字 ▼PM理論

下屬與上司之間的關係，是社會上重要的人際關係之一。社會心理學家三隅二不二針對上司必須具有的領導特質，提出了**PM理論**。這套理論以**P軸**＝「敦促屬下達成工作績效」的能力與**M軸**＝「顧慮屬下以維持群體運作」的能力，區分出不同的領導者類型。

P職能表示「領導者會為了得到理想結果而大力督促屬下」，而M職能則是「領導者注重團隊的和諧與人際關係」，依照兩者的平衡程度可分成四種領導者類型。只要了解上司屬於哪種類型，工作上的應對或許就會更加順利！

四種上司類型

根據P職能與M職能的強弱程度，可區分出四種上司類型。大寫字母代表該能力較強，小寫字母代表該能力較弱。

【PM型】 理想上司型

兼具績效達成能力與維持群體關係能力，能發揮理想的領導能力。

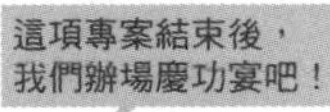

【Pm型】 工作狂型

績效達成能力高，但不太會維繫群體凝聚力。

好！這個月的業績也順利達成了！

【pM型】 和平主義型

以維持與強化群體凝聚力為優先，較忽視績效達成與否。

上司 屬下

【pm型】 遊手好閒型

達成績效能力與維持群體關係能力皆低。

下班時間到了，回家吧！

權變模式

除了三隅二不二之外，心理學家菲德勒（Fiedler）也提出了領導者理論。菲德勒將領導風格分為「任務導向」與「關係導向」，並重視「領導者與成員關係」、「工作結構」與「領導者職權」等三項要素。菲德勒提出的權變模式（contingency model），主張根據這些要素的強弱程度不同，適合的領導風格也不同。

心理學檔案

4

關鍵字 ▼ 初始效應

人際關係以第一印象最重要

若想在工作上留給對方良好印象，讓之後的事情發展順利，就必須在初次見面時留給對方良好印象。在諸多資訊當中，以第一印象最能影響對方對你的評斷，這在心理學稱為「**初始效應**」（primacy effect）。

穿搭有品味、服裝整潔、打招呼與遞名片時很有禮貌，都會留下良好的第一印象。它的重要性遠超乎你的想像。此外，道別時（對於對方而言，此時是下最終判斷的前一刻）也會讓人留下深刻印象，這在心理學上稱為「**時近效應**」（recency effect→170頁）。事實上，與人接觸時，最初和最後一刻都很重要。

初始效應決定一個人的定位

第一印象能決定一個人的定位，影響人們對這個人犯錯後的看法。

初始效應與時近效應

初始效應是指第一印象會很深刻，時近效應則是指最後留下的印象會很深刻。兩者差異在於：記憶種類不同。初始效應以最初印象為基準，再與之後的印象做比較，因此容易形成長期記憶，成為無法抹滅的判斷標準。時近效應則往往發生在判斷某件事情時，因此會以不久前才發生（記憶較深刻）的資訊為判斷標準。最後一刻的印象也會帶來很大效果。

心理學檔案 5

關鍵字 ▼ 西格比七項記憶理論

幫助記憶的七個訣竅

許多人不擅長背誦，準備考試時總是感到頭痛不已。心理學家肯尼斯・西格比（Kenneth L. Higbee）提出了「**西格比七項記憶理論**」，統整出能有效幫助記憶的七個訣竅。

這七項訣竅分別是**意義化、組織化、聯想、視覺化、注意力、興趣與反饋**。比方說，利用相近發音背誦歷史年分，就屬於「聯想」——將已經記住的事物與新知識組合在一起。而人們對喜歡的事物會特別有「興趣」，因此也更容易記住。

對於那些絕對不能忘記卻始終記不起來的重要事物，不妨試試運用西格比的理論！或許原本健忘的情況就從此消失了。

七種記憶技巧

西格比的七項記憶理論，可以搭配一些具體的訣竅而化為實際的記憶小技巧。當你始終記不起來某單字或事物時，就運用這套記憶技巧吧！

1 意義化

了解字義，而不只是硬背單字，會更容易記住。
例：Apple＝蘋果。

2 組織化

建立一套系統是很有效的學習方法。
例：根據歷史特徵判斷時代。

3 聯想

記憶新事物的時候，試試與原本已知的事物結合吧！
例：用相近發音背誦歷史年分。

4 視覺化

將文字或符號與圖像連結，也能有效幫助記憶。
例：歷史人物的肖像畫。

5 注意力

運用縮小範圍等方式，將注意力集中在對象上，便能提高專注度。
例：考試範圍。

6 興趣

只要喜歡一件事物就會學得好，喜歡的事物總是記得特別快。
例：喜歡的歌詞。

7 反饋

當人複習所學或成果受到讚美時，也能有效提升記憶力。
例：複習上課內容。

心理學用語 Check!

魔術數字

美國心理學家喬治・米勒（George Miller）發表了一篇論文，指出人類的短期記憶容量為7±2。這個數量稱為「組塊」（chunk），代表文字與符號的數目。而現在也有人主張這個數目為4±1。比方說，當電話號碼是11位數時，切割為三組數字會比較好記。日本的短歌之所以會分為五段，呈現5、7、5、7、7的長度，也是因為人們親身感受後，發現這樣比較容易記憶。

心理學檔案 6

會看氣氛與不會看氣氛的人

關鍵字 ▼ 自我監控

人們在社會上生存，需要快速了解自己置身的狀況，並採取相應的行動。當人們在社會上的人際關係當中，明白自己所處的立場，並根據這點改變自己的行動，就稱為**「自我監控」**（self-monitoring）。

我們經常說一個人「會看氣氛」與「不會看氣氛」，其實這就代表一個人自我監控的程度高低，也告訴我們自我監控的重要性。

不過，自我監控程度低的人（「不會看氣氛的人」）並不代表一定很差勁，這種人並不會當牆頭草、見人說人話，可以說是一種內心堅強的人。

史奈德的實驗

史奈德等研究人員先將男性實驗者分成「高自我監控」與「低自我監控」兩類，觀察這些男性會選擇與「外表漂亮但個性不好的女性」還是「外表不漂亮但個性好的女性」約會。

外表漂亮但個性不好

高

高自我監控的男性，有八成會選擇漂亮的女性。因為他們希望出去約會被別人看到的時候能有面子。

自我監控度

外表不漂亮但個性好

低

低自我監控的男性，有七成會選擇不漂亮的女性。因為他們不在乎別人的眼光，會傾向選擇合得來的伴侶。

心理學用語 Check!

變色龍人格

提出自我監控理論的馬克・史奈德（Mark Snyder），曾出版《變色龍人格：自我監控心理學》一書。書中主張高自我監控的人會根據對象或狀況而改變自己，因此稱呼這種人為「變色龍人格」。這本書認為日本人就是典型的變色龍人格，但這並不是在批評日本人，而是生動形容出日本人習慣配合周遭人的特性。

心理學檔案 7

關鍵字 互惠原理

接受他人善意，怎能不回報？

人們在接受他人善意時，也會想要回報同等的善意，心理學將這種情況稱為「**互惠原理**」（principle of reciprocity）。也就是說，只要能充分表達出喜歡對方的心情，對方更有可能對你產生好感。

這一點可以應用於戀愛上，但你需要不著痕跡地傳達好意給對方。

舉個（有點老套的）例子，只要向對方說「昨天我夢到你了」等這類的話語，就能輕易表達出你對於對方的重視度。當然，最好還是能告訴對方自己的真心話（而不是謊話）。

互惠原理的應用範例

互惠原理經常運用於商業領域裡，比方說「免費活動」或「幾乎免費」等宣傳口號與經營模式。如今這些行銷手法相當普遍。

試吃

超市或百貨公司的食物賣場經常會舉辦試吃活動，當顧客試吃了之後，就會不自覺認為「好像應該買些回家才對」。

白色情人節

當情人節深植人心之後，用來回送巧克力的日子——白色情人節也隨之誕生，這也是甜點商積極行銷的結果。

店員親切接待客人

家電量販店的店員親切周到地接待客人，不光是為了讓客人當天就決定購買商品，同時也是為了讓客人產生「之後都來這裡買」的念頭。

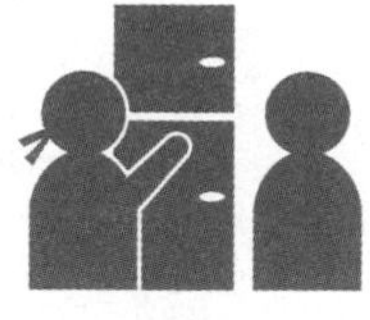

影響力

美國社會心理學家席爾迪尼（Robert Cialdini）於其著作《影響力：讓人乖乖聽話的說服術》當中，提出能有效影響他人的六項心理學原理，其中之一便是互惠原理。除此之外，還有稀有性、權威、承諾和一致、喜好、社會認同等六項原理，每一項原理都是行銷界經常運用的重要手法。

心理學檔案 8

用美食提升說服力

關鍵字 ▼ 午餐技巧

心理學還可以在許多工作場合派上用場。舉個例子，**「午餐技巧」**（luncheon technique）就能幫助人們談生意更加順利。

午餐技巧是指邊用餐邊與對方談生意。這個方法簡單且單純，當人們一同用餐時，就會增進彼此的親近感。而且，一旦人們享用了美味可口的餐點，便會分泌幸福荷爾蒙血清素，因此更容易給出肯定的答覆。

例如，政治人物經常在高級餐廳用餐，便是運用了午餐技巧。

日常生活中的應用範例

這項技巧的原理相當單純，是藉由讓對方用餐時產生幸福的感受，而得到肯定的答覆。人們在各式各樣的領域皆運用了這項技巧。

政治

當政治人物要進行密談時往往會選擇高級料理店，理由不光是因為較隱密，同時也是運用了這項心理技巧。

外交

款待外賓時必定會舉辦晚宴。美國每當有重要外賓來訪時，都會招待他們到白宮用膳，以拉近彼此距離。

商業

應酬就是運用了這項心理技巧，目的是希望透過用餐而與客戶拉近距離、順利成交。

戀愛

約會時招待對方到美味的熱門餐廳用餐，能帶來十分卓越的效果。受邀者毫無疑問會對邀請者增加好感。

聯結原理

提出午餐技巧的美國心理學家葛瑞格利·拉茲蘭（Gregory Razran），得知巴夫洛夫以狗的實驗證明了制約反射現象後，認為用餐時的本能反應應該還可以歸結出其他理論——「愉快幸福的心情」。聯結毫無關係的兩種現象，誤以為彼此有關的心理作用，就稱為「聯結原理」。

第2章

日常生活的心理學應用②

迪波達東京分部

早安！

間宮主任，
早安！

啊，早安！
間宮涼平
迪波達
營業總部主任

在那次之後，
我又找Yuu商量了一次，問他要
怎麼修復與間宮主任的關係⋯

喀啦喀啦
那個…有沒有什麼方法可以扭轉初始效應呢？
啊——
從企業的負面報導就能得知，只要出現一個問題就會輕易顛覆大眾原本對公司的良好印象，
但要反過來卻很難。
價格合理
乾淨
高品質
X企業貪汙事件
報導
確實如此…

非常感謝妳的招待♡
請你告訴我！
不過，倒是有許多技巧能讓對方印象好轉喔！
咦！
別這麼急嘛⋯
窸窸窣窣
先讓我吃一下飯後甜點。
糖果
啊——

你是徹子嗎!?※

好了，我們開始吧！

也給妳一顆。

「單純曝光效應」與「月暈效應」，都是很有名的技巧。

※ 日本國寶級主持人黑柳徹子，訪問童星時會從招牌洋蔥頭裡拿出糖果來招待。

單純曝光效應

即使一開始不感興趣，但在接觸了無數次後便會產生感情。此心理學理論由札瓊克提出，因此又稱為「札瓊克原理」。

札瓊克進行了一項實驗，讓許多大學生隨機觀看十二張男性照片，調查受試者對照片人物的好感度。

「單純曝光效應」是指多見面幾次後，就會提升好感與印象。

M 先生

Y 先生

H 先生

觀看 1 次

觀看 3 次

觀看 5 次

低　好感度　高

結果指出實驗者看到照片越多次，好感度就越高。

➡ 請見 55 頁！

當一個人的運動或課業表現特別突出時，人們對於他其他面向的評價也會跟著改變，例如會覺得他的人格也更高尚等。月暈的原文 Halo 有「光環」的意思，因此又稱為「光環效應」。

「**月暈效應**」是指當事人一項強烈的特徵會改變人們對他的整體評判。

➡ 請見 56 頁！

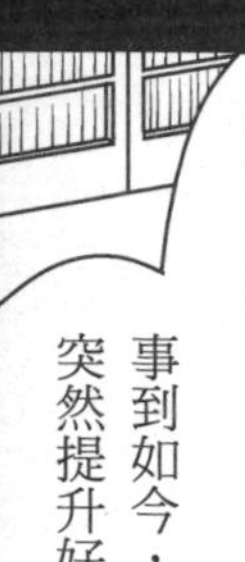

不過，月暈效應根本不可能在我身上發生…

我生來就是一個平凡人

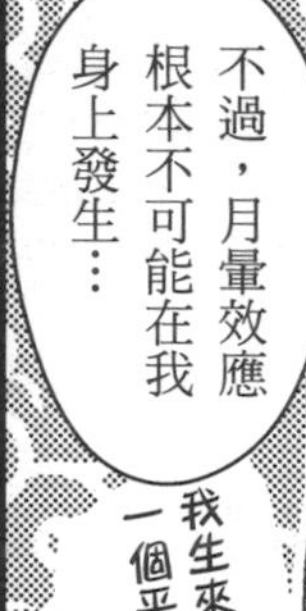

單純曝光效應也一樣，原本就跟主管會每天見面了。

事到如今，也不可能突然提升好感吧…

舉個月暈效應的例子，
像是工作上獲得一項重大成果時，就能一舉扭轉初始效應！
銷售業績
No.1
老師…
我才剛進公司兩個月，怎麼可能辦得到啊～
嘖嘖嘖
別叫我老師。
叫我Yuu講師或Yuu就好了。
叫老師的話，感覺一口氣老了好多。
那就…Yuu。
？
嗯…如果不能運用月暈效應，就從單純曝光效應著手…

妳的主管並不是不由分說地討厭妳這個人，對吧？
應該是這樣沒錯。
與其說討厭我，不如說不知道該怎麼對待我⋯
單純曝光效應指出，只要對方並沒有對對象物抱有厭惡感，印象就一定會往好的方向發展。
之所以沒有效果，
是因為你們的溝通出現問題。
導致對方對妳的印象一點一滴惡化。
咦～

既然這樣，那就用我之前教妳的PM理論，
只要一直與主管正常溝通就好了…
瞥
間宮主任是Pm型的工作狂。
和這種類型的主管的交流方式是…
①對話以工作為主，避免不必要的閒聊。

那個，
間宮主任。

這是促銷活動的企劃書⋯
喔，讓我看看。

嗯，就這麼做吧！

是的，非常感謝！
再來是⋯②以報告工作事項為優先。

怎麼了？還有什麼事嗎？
啊！
其實…
昨天我交出的傳票好像出了一點錯…
咦，真的嗎！
妳是怎麼搞的！
呃…
那個…
驚恐萬分
其實是把日期弄錯了。

什麼啊，原來是這樣。
我本來打算要再看一次的，那妳去修改一下吧。
喀啦
喀啦
呼！

對了，這些是明天開會要用的企劃書，妳可以幫我整理一下嗎？
哇——

就是因為這樣，我才會一直出錯。

拼命想要完成手邊的一堆工作，結果就接連出現錯誤…

遇到這種情況時…

不能拒絕嗎？

我不知道該怎麼拒絕…

那麼，
我就教妳一種不會讓對方感到不舒服，又能表達自己意見的萬能技巧：「自我肯定型反應」。

心理學檔案 ⑪ **自我肯定型反應**

表達重點在：能同時兼顧自己與對方的感受。自我肯定型反應與「攻擊型反應」（不考慮對方感受）與「被動型反應」（總是處於被動的一方）不同，自我肯定型反應能夠與對方圓融溝通。

這種溝通技巧不管在任何場合皆能使用。

關鍵 ①

「尊重對方」或「拿捏得當」。

關鍵 ②

「尊重自己」或「明白任何人都有主張意見的權利」。

攻擊型 (aggressive)	被動型 (non assertive/passive)	自我肯定型 (assertive)
NG	NG 	OK  
我很忙辦不到！	我知道了。	今天我有別的工作要先做，按照目前情況可能會做到下午三點，等到完成後再做這份工作可以嗎？
採取這種表達方式的人深信自己才是對的，一味主張自己的意見，容易導致人際關係的問題越來越嚴重。	總是以對方為優先，壓抑自己的感受。這種人容易累積過多壓力，導致生病。	向對方傳達自身狀況，同時也顧慮到對方感受，以具建設性的方式匯聚彼此的意見。

➡ 請見 58 頁！

原來如此。
我一直以來採取的都是被動型反應⋯
如果很難拒絕的話，就如實報告目前的情況，用和對方商量的方式表達自己的意見。
這麼一來，就算拒絕主管交辦的工作，
也不會造成彼此的不愉快⋯
這種情況下要⋯③顧慮對方感受，同時提出自己的主張。
那個，整理企劃書的事我明白了。

不過，剛才提到的那份企劃書我必須在下午三點前完成，
可以在那之後再整理企劃書…
喔，說得也是。

到那個時候，我外出拜訪客戶完大概就直接回家了…

既然如此，那就由我來做吧！

好的！
不好意思，麻煩您了！
小松川…
是的！

感覺妳今天比平時都還積極喔！

啊！

不好意思，妳聽到了嗎！？

笹川櫻

任職於迪波達營業總部

淺田陽太

感覺妳工作不太順利，我們一直很擔心妳。

我沒有問題，隨時都可以約我去！

事不宜遲，那就約這個週末吧！

好！

OK！

鈴鈴鈴鈴鈴

竟然連同梯的同事都在擔心我……

話說回來……

就連這麼吵雜的辦公室裡，都可以聽到那麼小的聲音。
這應該就是Yuu說的「雞尾酒會效應」吧！

心理學檔案⑫ ➡ **雞尾酒會效應**

即使身處許多人在交談的派對會場，也能自然而然聽見別人呼叫自己的聲音，或是聽到別人提到自己的名字。

①這套心理學理論由心理學家柯林．柴瑞所提出，可說是「選擇性注意」的代表例子。

②人們可以有意識地專注於聆聽特定聲音或內容，例如：人們可以單獨聆聽交響樂中某一種樂器的聲音。

小松川……
咦，是誰在叫我？

➡ 請見 60 頁！

許多平時或多或少體驗過的現象，
其實都有各自對應的心理學理論。
心理學…還真是有趣呢！

心理學檔案 9

關鍵字▼單純曝光效應

經常碰面就會產生好感

雖然人們有時會與第一次見面的人一拍即合，但大部分的情況還是要等到見了好幾次面後，才逐漸拉近距離。人們對於平時經常見面的人，比較容易產生好感。這種現象在心理學稱為**「單純曝光效應」**（mere exposure effect）。

人類對於陌生人理所當然會抱有警戒心，並不會在一瞬之間就對別人產生好感，要等到見過幾次面、熟悉對方之後，才會逐漸消除警戒心，開始對對方產生好感。

以戀愛而言，若能經常與對方聯繫、見面，會比較容易修成正果。

垃圾袋男子的實驗

札瓊克為了證明人們對於經常看到的事物會產生好感，於是請一位老師協助進行垃圾袋男子的實驗，以下為實驗內容。

某位老師讓一名頭戴垃圾袋的男子，固定每星期的某一天前來上課，觀察學生反應。學生們一開始對他抱持敵意與恐懼，只是從遠處圍觀垃圾袋男子。

但過了一段時間後，學生的好奇心逐漸萌芽，開始有學生向垃圾袋男子搭話、交流，甚至激盪出近似友誼的情感。
札瓊克從這項實驗當中，指出人們只要不斷看到某人或某物，就會提升對該人或該物的好感。
不過，札瓊克明白光以這項實驗並不足以證明單純曝光效應，因此他又以土耳其文、漢字、陌生人的照片等項目進行實驗，調查受試者觀看次數與好感度之間的關係，成功證明單純曝光效應。

熟悉定律

不只單純曝光效應有效，當人們越了解對方也越能提升好感度，這現象被稱為「札瓊克的熟悉定律」，以美國心理學家札瓊克（Robert B. Zajonc）為名。它可以應用於戀愛與商業等許多方面，如小說放上作者簡介、公司經營社群網站，便是運用了熟悉定律，希望藉此提升好感度。

心理學檔案 10

以偏概全的心理效應

關鍵字 ▼月暈效應

我們在第一章的**初始效應**（↓30頁）已經明白，第一印象在人際關係上扮演著極為重要的角色，而還有一種效應也能大幅左右人們的印象——「**月暈效應**」（halo effect）。

人們有時會因為一項資訊而對他人大幅改觀，比方說，假如對方畢業於知名大學、在大企業上班，人們往往會無意識地提升對他的觀感。

反過來說，有時對方只要顯露出一項缺點，就會導致人們對他的整體觀感下降。

像這樣光是從對方的部分優點或缺點評斷這個人的整體表現，就稱為月暈效應（又稱為**光環效應**、**光暈效應**、**暈輪效應**）。當對方擁有高學歷或在大公司上班，大多數人就會根據這些正面資歷，進一步相信對方的人格也相當優秀。

然而，月暈效應同時擁有「正面作用」與「負面作用」。形象良好的藝人會因為出軌，導致形象一落千丈，就是月暈效應的負面作用所致。

相反地，如果一位不太討喜

心理技巧 日常生活中的實際運用

面試 ▼至少保持儀容整潔

由於面試官必須藉由短時間問答決定是否錄用應徵者，因此往往會以對方特別突出的專長如學歷、外語能力或證照等來判斷。若對方為轉職者則會瀏覽他的工作經歷，這些都是正面的月暈效應。倘若你沒有任何突出的優勢，至少也要維持儀容整潔，盡力提升好感度。

商談 ▼俊男美女可以提升對方的好感

企業找受歡迎的藝人代言產品，就是基於月暈效應的緣故。同樣地，談生意時帶俊男美女屬下一同前往，便能提升客戶的好感。另外，如果屬下自名校畢業或擁有證照，也能提升主管或公司形象。

的搞笑藝人率先前往災區救災，人們知道之後便會認為「原來他為人還滿不錯的」，大幅提升對他的好感度，這就是月暈效應的正面作用。

除此之外，名片上或網路上的個人資料之所以會寫上頭銜、擁有的證照或工作經歷等正面情報，也是為了藉由月暈效應讓對方留下正面印象。

戀愛

了解對方看重哪些面向

月暈效應也能在戀愛上發揮極大效果。儀容、學歷與收入就不用說了，有時候運動神經好也能大幅提升印象分數。但更重要的是要明白暗戀對象重視的面向。如果對方的理想型是「願意聆聽、個性體貼的人」，那麼，加強自己的溝通能力就會比學歷與收入更重要。

以點概面的心理效應

當一個人擁有某項突出特點時，就會連帶影響到對這個人的整體評價。影響分別稱為正面的月暈效應與負面的月暈效應。

① 正面的月暈效應

清爽斯文的外觀

- 有教養
- 看起來工作能力很好
- 薪水應該也很高

② 負面的月暈效應

邋遢不堪的外觀

- 感覺很沒教養
- 應該都沒有在工作
- 一定很貧窮

心理學檔案 11

關鍵字 ▼自我肯定型反應

不傷感情的拒絕技巧

一個人能做的工作量有限，找上門的工作再怎麼吸引人，倘若當時手上的工作已經多到滿出來，也非得拒絕不可。而且，有時候主管或客戶交付的工作過於為難人，可以的話也實在不想接手。

其實，遇到不得不拒絕的事情時，仍要勇敢拒絕。倘若勉強自己接受所有交辦工作，導致最後無法達到一定的品質，那麼，至今建立起來的績效或信賴就煙消雲散了。

在這種情況下，拒絕方式就顯得很重要。最理想的狀態是，能不影響對方的心情，用適當的方式拒絕對方。既然這樣，最好就要學會**「自我肯定型反應」**。

首先，最重要的是先誠心誠意為拒絕工作一事道歉。接著，為拒絕工作一事提出合理的原因。如果原因出於自己無法掌控的面向（例如工作或家庭狀況），那麼對方之後或許依然會願意委託工作給你。除此之外，假如能再提出一個替代方案就更好了。

只要能向對方提出拒絕理由

心理技巧　自我肯定型反應的四項要素

誠實

若要建立彼此的信任，話語中就不該有一絲虛假。真誠地與對方相處，而不是設法欺騙或操弄對方。

直率

拐彎抹角的說話方式，或支吾其詞的藉口，並無法讓對方充分明白你的心情或狀況，但也不能因此轉為攻擊性的態度。你的說話方式十分重要，要以簡單明瞭的詞語向對方表達出自身心情或狀況。

對等

就算對方地位或年齡與你有落差，但依

與替代方案，同時充分表達出自己的意見，就能避免引發不必要的風波。

相反地，**「被動型反應」**則是完全不提出自己的意見、一味接受對方的要求。長期採取被動型反應的人，會因為持續接受超過自身能力所能負荷的工作，而壓力過大，容易罹患憂鬱症。

學會如何拒絕，對於保護自己的心理層面也是非常重要的。

然和你一樣都是人。不需要過度卑躬屈膝或採取高姿態，而是互相尊重。

④ 負責

每個人都需要為自己的言行舉止負責。如果對方的言行令你感到不快，就充分表達出不快的感受吧！這麼一來，就算結果不符合你的期望，至少還是能讓對方了解你的心情或狀況。

各種類型的行為模式

溝通方式可分為「攻擊型反應」、「被動型反應」與「自我肯定型反應」等三種類型，每種類型都有各自的行為模式，請找出自己屬於哪一種模式吧！

行為模式

NG　攻擊型反應

★態度強硬
★以自我為中心指責對方缺點
★單方面強調自己的意見
★推卸責任

NG　被動型反應

★性格內向
★以他人為中心
★聽到對方提出意見時沉默以對
★講的話總像在替自己找藉口

OK　自我肯定型反應

★誠實表達自己心情
★既主張自己的意見，同時也尊重對方
★即使面對自己不擅應付的人，也能靈活應對
★為自己的行為負責

心理學檔案 12

關鍵字 ▼雞尾酒會效應

耳朵會自動聆聽有興趣的事物？

人們在擠滿人的餐會或派對上，還是能聽到在意的人說話，或是自然而然聽到有人從遠方叫自己的名字。人的大腦有辦法從聆聽到的聲響中，挑選並專注聆聽較重要的內容。心理學稱呼這種現象為**「雞尾酒會效應」**（cocktail party effect，或是**「選擇性注意」**）。

當人們置身於吵雜歡鬧的場所時，依然能專注聆聽與自己交談者的談話內容，這種現象除了與人類耳朵結構有很大的關係，心理方面的因素（是否注意聆聽對方講話），也是無法忽視的一大重點。

你是否遇過，當下班通勤時，在捷運裡打起瞌睡，但一聽到自己要下車的站名時，就頓時清醒了。這也是雞尾酒會效應的作用。研究指出，人們聽到自己每天上、下車的站名，會產生如同別人呼喚自己名字一樣的反應。

只要了解到這一點，就能將雞尾酒會效應運用於日常生活當中。相關實驗顯示，當你想要和對方拉近距離時，只要在談話中

心理技巧

日常生活中的實際運用

商談 ▼不斷稱呼客戶名字

當你想要拉近與客戶的距離，讓商談更加順利，可以試試多稱呼對方的名字。這麼做能讓對方將注意力放到你身上，並更認真聆聽你的說明。此外，不斷提及對方名字，也能有效增加彼此的親密度。

銷售 ▼鎖定消費族群

當宣傳商品或服務時，只是提到「現正促銷中」，並不會讓人特別留意。在這種情況下，可以採取鎖定目標族群的方法。「新手爸媽專屬優惠」、「二十多歲女性專屬」等，會更容易讓符合該項條件的人們記住此項訊息。

選擇性注意實驗

提出雞尾酒會效應的心理學家柯林．柴瑞（Colin Cherry），進行了一項名為「雙耳同步分聽」（dichotic presentation）的選擇性注意實驗。

左、右兩耳播放不同朗讀內容，當實驗人員指示受試者聆聽右側聲音時，受試者能充分記住右側內容。

若要當個成功的上班族，在社會上出人頭地…
冷靜一想，就會發現文件上的釘書針…

實驗發現，受試者完全不記得左耳的內容，但卻記得「嗶——」的機械音。這項實驗證明，雖然人們聽得到所有聲音，但會選擇性地處理訊息。

盡量多稱呼對方的名字，對方就會在無意識中將注意力放在你身上。

除了在談話間稱呼對方名字之外，如果不斷提到對方有興趣的話題或相關領域的關鍵字，也能有效加深彼此的關係。

人類大腦會無意識地挑選出特定訊息。我們對於自己注意的事物，專注程度遠勝於其他龐雜資訊。

反過來說，人們也很難察覺到自己不注意的事物，因此「走路低頭滑手機容易遭逢意外」，便是因為人的大腦會從眼睛與耳朵所接受到的龐雜訊息當中，瞬間挑選出「重要的訊息」與「（大腦認為）無所謂」的事

讀書

設立明確目標或範圍

想要提高學業成績，若只是茫然地寫題庫或看課本，並不能得到理想成果。這時如果能定下明確的目標學校，從歷屆考古題縮小試題範圍或方向性，就有辦法全力讀書了。在下次考試之前，將重心完全放在想提升的科目上，也是有效的方法。

戀愛

以專屬暱稱稱呼對方

在戀愛方面，稱呼對方名字也能有效增加親密度。除此之外，若能以兩人專屬的暱稱稱呼對方，便能更進一步提升親密度。擁有只屬於彼此的訊息，可以讓對方興致盎然地專注聆聽你說話。

物。當人們過於專注滑手機時，會將重要訊息當成「雜音」處理。生活在現代社會的我們，必須學會分辨各種訊息的重要性與優先順序才行。

不同的選擇性注意理論

繼柴瑞之後，許多研究者紛紛進行選擇性注意的實驗，並提出各自的理論。

過濾器理論

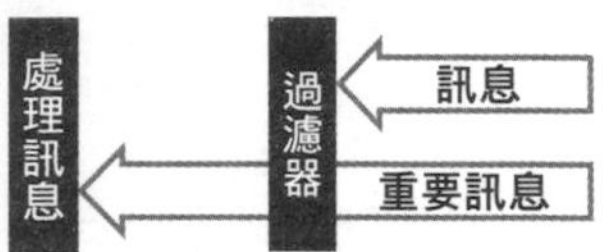

布羅本以柴瑞的實驗為基礎，提出人類有「知覺過濾器」，只會處理注意的訊息。

減弱理論（attenuation theory）

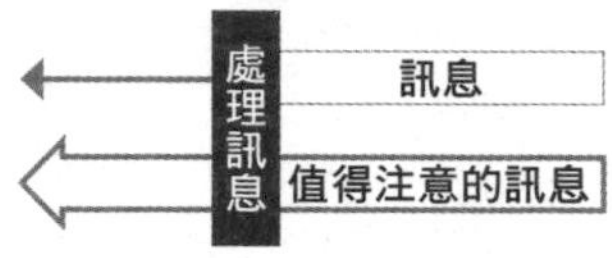

由於人們還是會注意到一些並未注意的訊息，因此崔斯曼（A. Treisman）主張未經注意的訊息並非完全被過濾，只是減弱而已。

知覺負荷理論（perceptual load theory）

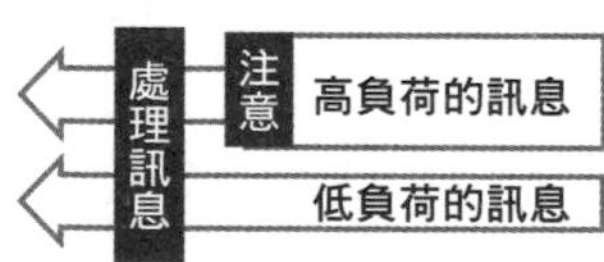

拉維（Lavie）提出人只有在訊息量少的時候，才會處理並未注意的訊息。當訊息量多的時候就會選擇性注意，知覺負荷量會改變注意力的運作方式。

後期選擇理論

我們究竟何時處理耳朵等感官所獲取的資訊？有學者主張會在早期進行選擇，如布羅本（D. E. Broadbent）的「過濾器理論」（filter theory）。不過，自從學界發現人們其實不需要特別注意也會自行處理訊息後，就開始有學者認為人們會先處理所有訊息，接著訊息才會浮出意識表面，人們再選擇其中重要性較高的訊息。這種主張稱為「後期選擇理論」。

第3章

交友方面心理學

笹川和淺田，感覺都非常能幹。

既善解人意，工作能力又好，而且兩人高中時都曾進入全國大賽！

在自由式比賽與個人混合泳賽得名

在足球的總體與選手權比賽得分

感覺跟我就是不同世界的人。
妳看起來很開心，真是太好了。
所以說…
既然妳每天過得很開心，為什麼又會來找我商量呢？
嗯…

這個問題問得真好
其實是…
我能交到一起喝酒、一起出去玩的同期朋友，真的非常開心！
是真的！
並沒有人懷疑妳。
只因為同期就邀請我…
一開始我真的開心得不得了，但是之後…
我就變得有點無法加入他們的對話，
總覺得他們太顧慮我，反而讓我覺得與他們有隔閡。
這個嘛…

因為妳一直覺得他們是不同世界的人，自然就會這樣啦！
猛刺！

現在你們立足點相同，
不需一開始就感到自卑。
…這樣啊？

小松川，妳以前有在運動嗎？
有。

我從高中開始打網球，大學也加入了網球社…
可是，我從沒贏過任何大型比賽…

所以妳才更覺得他們很厲害？

不過，他們也沒有在大型比賽得到前幾名。

肯定也和妳一樣嘗過許多失敗的滋味。

這樣啊…

原來如此…

Yuu，那個⋯
如果我想和他們兩人感情變得更好，該怎麼做才好呢？
唉呀，妳就這麼煩惱嗎？
咻！
今天也要麻煩你指導了！！

這、這是！
每天開店十分鐘就完售！
大學合作社超便宜十粒三〇〇圓的夢幻大福！

我不知道排了多少次，每次都落淚而歸！
Yuu，你到底是來大學做什麼的？！

我一直希望能買到這個大學特產…
好棒喔～
滑

那麼，首先就試試採取「開放姿勢」吧！

心理學檔案 ⑬ ➡ **開放姿勢**

「開放姿勢」代表接納對方，向對方敞開內心。
原來如此！
挺直背脊面對說話者，雙手不抱胸。
OK
若雙手抱胸，或是讓障礙物擋在自己與對方中間，則是拒絕對方的「封閉姿勢」。
NG

➡ 請見 83 頁！

這麼說來，我好像一直避免正面朝向他們說話…
妳如果自己樹立一面高牆，就永遠沒辦法和他們增進感情喔！
嗯！

還有什麼要注意呢？
其實妳不用那麼緊張的。

有什麼事讓妳煩惱呢？
這個嘛…

喔～
原來你贏了全國大賽的第一場比賽，很厲害耶！
才沒有呢！
雖然我很自豪自己踢出了決勝分，
但是那其實只是運氣好而已。
妳才是咧，在全國大賽得名也太厲害了！
很厲害吧？
嗯…
你喝得真醉…
才不呢！
這樣的成績根本沒辦法拿出來講。
至少也要得到站上領獎台的名次才算厲害。
怎麼可能？都得名了耶！
小松，妳是打網球的吧？

呃…
嗯…
語無倫次
但是我跟你們完全不能比，
只希望能在縣預賽第一回合獲勝而已…
語無倫次
贏了嗎？
心驚
膽跳！
嗯…
嗯…
只有三年級的時候贏過一次…
挺厲害的嘛！
這是我們當時的對話…

我覺得他們對我說「才不呢！」「挺厲害的嘛！」並不是真心的…
縣預賽…
噗哧！
其實他們應該很瞧不起我吧…
現在你們的交情還不夠深，
所以他們或許會比較客套。
但是，這種情況很普遍，有需要這麼煩惱嗎～

剛剛你跟我說，
不用把他們當成不同世界的人，這一點我已經記住了。
但是，因為我從來沒有遇過像他們那種類型的人，所以還是會忍不住擔心。

那麼…
我再教妳一個技巧吧！「**非語言溝通**」。

非語言溝通

意指表情、聲音與肢體動作等語言之外的溝通方式。
人們有時候是有意識地表現給對方看，有時則是無意識流露出自己的情緒。

表情、說話音調與肢體動作可以表現出自己的心情，或是讓人從中讀取心理狀態。

【無意識流露出情感的例子】

表情
①見面瞬間眉頭的肌肉微動，表示感到厭惡。
②見面瞬間臉頰的肌肉微動，表示帶有好感。

舉止
①眨眼次數特別多，表示緊張。
②摸喉嚨表示正在說謊。
③聽對方說話時姿勢向前傾，表示對談話很感興趣。

➡ 請見 84 頁！

相關的例子多不勝數，
不過，有時會因為個人習慣而以不同動作顯現，所以這套普遍性規則只能用來參考。
謝謝你教我！

對了，笹川有沒有什麼比較特別的動作呢？

當人們做這個動作時，代表想要隱藏真心話，或是在謹慎思考用詞。

嗯～我好像漸漸明白問題所在了。

妳聽過「社會比較理論」嗎？

心理學檔案 ⑮ ➡ 社會比較理論

人天生會有評斷優劣的欲望，沒有客觀判斷標準時，則會藉由與他人比較來進行評斷。

①比較對象往往是和自己特質較相近的群體。

②自我提升的動機較強時，會與比自己優秀的人比較，將對方當作成功典範，想要自我膨脹時則會和比自己差的人比較，讓自己感到安心。

【社會比較的例子】

當自己想吃的麵包是人氣 No.1 時，會感到很安心。	當同期進公司的同事工作表現比自己好時，會感到擔心並拼命努力，若表現比自己差就會感到安心。

➡ 請見 86 頁！

想必他們兩人在和前輩比較之前，更想先和同期進公司的同事比較。
因為目前你們工作上還沒有高低之分，
所以他們比較在意學生時期的體育表現。
啊，已經這麼晚了。
我們診要遲到了~
今天就先這樣吧…
不好意思！

每個人都會有這種欲望，
這不是什麼壞事。
畢竟人類本來就是群居動物。

有個辦法可以讓妳輕易和大家增進感情喔！

我想知道！
這個方法叫做「鏡像效應」……

心理學檔案 ⑯ ➡ 鏡像效應

人們會不自覺模仿自己有好感的對象。

①人們會對採取和自己相同行為的人產生好感，稱為「鏡像效應」。
②又稱為「同調效應」。

【影響對方的同調效應】

- 和對方點一樣的餐點
- 和對方在同樣的時機喝飲料
- 和對方用相同節奏說話
- 和對方一同難過，或一同高興

➡ 請見 88 頁！

這個我應該辦得到！
只是，做得太露骨就不會有效果，
所以要無意識地展露出來。

還有一點，
有時候也可以用**同調**來對人施壓。

心理學檔案 ⑰

從眾實驗

我們可以從這項實驗得知，即使人們明知道答案不對，還是會有一定比例的人會遵從眾人意見。

①大約三成的人會順從於群眾壓力

②人們也以艾許的名字將此研究稱為「艾許典範」。

【艾許的從眾實驗】

先給受試者看一個樣本上的線條，再請受試者看另一張紙上的三條線，選擇和樣本一樣長的線條。

原本受試者答題的正確率有95%，但如果其他六名假扮受試者的工作人員選擇錯誤答案（比方說B），超過30%的受試者會選擇B。

心理學家艾許做的**從眾實驗**指出，
人就算知道答案不正確，仍會遵循眾人看法。

➡請見90頁！

好可怕～
很多人就在批判日本的同儕壓力太強烈。

不過，這就端看人們如何運用了…

咚！
雞肉串燒
黑木屋
好！
下一攤！去KTV！
去KTV吧！
還要續攤？
我還想繼續喝酒放鬆一下。

小松呢？
妳選哪邊？
可不能再說兩邊
都好喔！
當兩個人的意
見分歧時…
呃…
公司的促銷活動結束，
工作終於告一段落了…
所以今天我比較想
唱歌！
耶！
就這樣決
定囉？
唉，
沒辦法。

反正在KTV也可以喝酒。

只要充分表達自己的想法…

大家的意見在同儕壓力下達成一致，就能順利達成共識。

真的就和Yuu說的一樣。

小松川，妳要唱什麼歌？

〈越過天城山〉！
好像老頭…

心理學檔案

13 肢體洩漏心理狀態

關鍵字 ▼開放姿勢

我想應該已經有許多人察覺到，人的心理狀態會透過姿勢等方面表現出來。

當人們與對方之間隔著一道心理「高牆」時，會在無意識間雙手抱胸。這是因為當人感到緊張、擔憂，或是對對方抱有抗拒感時，會以雙手抱胸等方式保護自己。

心理學將手腳張開的姿勢稱為「**開放姿勢**」，相反地，手腳緊閉（抱胸與翹腳）的姿勢則稱為「**封閉姿勢**」。當人們在放鬆、敞開內心的狀態下，往往會呈現開放姿勢。我們可以從對方的姿勢，看出對方是否消除了與自己的隔閡。

姿勢的影響力

美國心理學家麥金利（Mcginley H.）做了一項實驗，研究當人們在說服對方時，採取開放姿勢還是封閉姿勢較容易成功。

	封閉姿勢	開放姿勢
改變主意	很難	很容易
好感	低	高
說服力	低	高

實驗結果顯示，說服者採取開放姿勢較容易讓對方改變主意，也更容易博得對方好感。也就是說，只要提醒自己採取開放姿勢，就能增加自己的說服力。

瑟芬理論

精神醫學家瑟芬主張：「只要看腳，就能得知對方的心理狀態」。比方說，翹腳的人一般來說每二十分鐘會更換二到四次方向。如果超過這個頻率，就表示這個人想克制自己激昂的情緒。此外，翹腳時右腳在上的人，個性比較內向，而左腳在上的人則比較自我中心。在上方的腳朝向的方向，也能表示這個人對這個方向的事物較感興趣等。

心理學檔案 14

關鍵字 ▼ 非語言溝通

比語言更重要的溝通技巧

在群體生活中，「溝通」是極為重要的一環。事實上，也存在各種不同的溝通形式。

提到「溝通」，幾乎所有人想到的都是以「對話」為主的溝通，但事實上還有許多不使用語言的溝通方式。如果能有效運用**「非語言溝通」**（non-verbal communication），就能與他人建立起更穩固的信任關係，也能更有效表達自己的想法。

比方說，當人們在說同一句話時，使用不同的**表情**、**音調或肢體動作**，就會讓人理解成不同的意思。這一點應該每個人都很容易明白才是。同樣的內容用笑臉或用臭臉陳述，對方所理解的意思會有極大的落差。當人們在談論哀傷的事情時，臉上的表情究竟有多麼遺憾，也會造成聽者不同的理解程度。

不論陳述哪方面的事情，非語言溝通所創造的氣氛，都能讓對方更加明白自己想表達的內容，在與對方建立信賴關係上，扮演著極為重要的角色。

此外，重視非語言溝通不只能幫助我們更充分表達自己的想

心理技巧

日常生活中的實際運用

談判 ▼ **看穿對方的謊言**

幾乎所有人在說謊或有所隱瞞時，都會因心虛而呼吸紊亂或心跳變快，但我們並無法從外表就看出這些生理變化。若要看穿對方的謊言，可以注意對方一些不經意的動作。例如，為了安撫內心憂慮，人們常在無意識中，出現觸摸喉嚨或臉部周圍等「自我安撫行為」。此外，視線飄忽不定、表情僵硬，也常是心虛的表現。

戀愛 ▼ **看出進一步發展的可能性**

當兩人處於約會或聯誼等尚未交往的階段時，你可以從對方無心的舉動，看出對方的心意。比方說，假如對方會身體向前傾聆聽你說話，就表示對方對你相

法，還能讓我們察覺、了解對方的心理狀態，如對方有沒有精神等。

非語言溝通最重要的一點，就是要用全身（包括肢體語言在內）與對方溝通，以及充分運用視覺、聽覺、嗅覺等五項感官，觀察並理解對方的情況。

當感興趣。倘若對方會有意無意地碰觸你，或對方並不排斥你的碰觸，就有很高的機率表示對你有好感。當你在告白之前，可以回想一下對方的舉動。

從肢體語言了解人性心理

有些非語言溝通是有意識呈現，有些則可以表現出無意識的心理狀態。我們能從對方的行為看出他的心理狀態。

表情

★人緊張時，眨眼次數會更頻繁。

★見到討厭的人的那一瞬間，不論再怎麼克制自己的表情，都會忍不住皺眉頭。

★感到恐懼時，會眼睛睜大、嘴巴半開。

★見到喜歡的人或物，嘴角的表情肌會顫動。

手腳

★手腳張開的人內心也是敞開的。

★談話中若對方的腳尖並未朝向你，代表對方感到很無聊。

★當對方摸臉的某個部位，可能表示有心事或在說謊。

★雙腿緊閉、呈現直立不動的姿勢，表示相當順從。

說話音調

★女性在喜歡的男性面前，說話聲音會高一度。

★當一個人說話聲調較高時，代表特別興奮或極度緊張。

★當一個人說話聲調較低時，可能是對對方抱持著警戒心。

★當一個人說話聲調較高且說話速度快，可能是處於極為緊繃的狀態。

心理學檔案 15

藉由比較，明白自己的定位

關鍵字 ▼ 社會比較理論

假設你現在要在無人島或深山過著野外求生的生活。你可以帶一個人一起去，你會選怎樣的人當你的夥伴？

對於這個問題，人們的回答主要可分成兩大類型。一種是「可以帶領自己、比自己優秀的人」，另一種則是「可以跟隨自己、比自己遜色的人」。

人會在無意識間與周遭的人比較，藉由和他人比較，明白自己的定位，或當作判斷事物的標準。這個現象稱為「**社會比較理論**」（social comparison theory）。

關於剛才的問題，回答選擇比自己優秀的人，會將自己與水平較高的人比較（**向上比較**），具有更積極的向上心，也對自己較有自信。相反地，回答選擇比自己遜色的人，則表示會在無意識間與水平較低的對象比較（**向下比較**），藉此安撫缺乏自信的內心，這種類型的人也較缺乏向上心。

選擇同行夥伴的同時，也代表你選擇了一個可以用來和自己比較的人。在這個情況下，選擇

心理技巧 日常生活中的實際運用

銷售 ▼ 商品銷售排行榜

有時候我們會看到麵包店等商店，貼出商品銷售排行榜，這是為了讓消費者可以有明確的比較對象，了解自己的選擇處於哪個位置而感到安心。至於消費者是要選擇大多數人選擇的No.1，還是走另一個極端，選擇不在排行榜上的商品、走出自己獨特的路線，就看消費者自己的選擇了。

宣傳 ▼ 唯有親身試過才知道

除了營造暢銷氣氛、主打該項商品比人氣No.1的商品還出色的宣傳手法外，引導人們去比較、刺激人們想擁有的欲望，也是非常有效的宣傳手法。「如果不實際吃吃看、用用看，你根本不了解

對象的水平比自己高或低，可以看出你是向上比較還是向下比較的人。

不過，帶有高度自信與向上心雖然是件好事，但需要特別注意的是，假如拿自己與水平過高的人做比較，就有可能導致徹底喪失自信、一蹶不振。

對於這個問題，如果你選擇的是與自己對等的夥伴，就代表你能在向上比較與向下比較之間取得良好的平衡。

它的好。」這種宣傳方式會讓人們忍不住想要將這項商品，和自己熟知的人氣商品做比較。

教育

因材施教

人們並不會與水平相差過多的人做比較。假如你想讓學生有所進步，就按照學生的水平分成不同群體，讓相同水平的學生彼此切磋，才是最有效的方式。

向上比較與向下比較

任何人都會與他人比較，有人是與比自己優秀的群體比較，有人則是與比自己遜色的群體比較。比較的對象不同，比較的目的與功能也有所不同。

向上比較

藉由與比自己優秀的群體做比較，可以促使自己往更高的境界邁進。

向下比較

不優秀群體

藉由與（自己覺得）比自己不幸或不優秀的群體比較，以獲得愉悅感與安心感。

心理學檔案 16

關鍵字 ▼ 鏡像效應

模仿對方言行，提升好感

想要建立良好的人際關係，提升對方對自己的好感自然是極為重要的一環。「**鏡像效應**」（mirror effect）就是其中一種有效的技巧。

「鏡像」指的是模仿對方的行為或動作。人類容易對與自己相像的人產生好感（稱為「**同調效應**」）。經年累月同進同出的夫妻，往往會無意識地採取同樣的行為。這是因為當彼此親密度高時（比如夫妻），便會在日積月累、不斷循環下，採取和對方相似的行為。此外，藉由有意識地模仿對方行為，也會增加獲取對方好感的可能性。

如果能充分運用鏡像效應，對方就很容易認為「這個人對我抱有好感」。鏡像效應的具體範例包括：模仿對方的小動作、說出對方常說的口頭禪、採用與對方類似的說話節奏、模仿對方的語氣或腔調等。

只要這麼做，就能自然而然提高與對方的親密度。而要做到這點，前提就是得先仔細觀察對方。但話說回來，其實建立良好的人際關係最基本的一點，本就

神經語言程式學（NLP）是一門研究溝通技巧的學問。除了鏡像效應之外，還有其他多種類似的技巧。

交叉映現

一旦過於明顯模仿對方的動作，很有可能造成一股不協調的感覺，這時就需要用「交叉映現」技巧增添自然氛圍。比方說，當對方喝水時，你就將手放在耳朵上，以與對方類似的行為進行鏡像。

同步

是指配合對方說話的速度與節奏，及聲音的大小與高低，這麼一來對方說起話來就會輕鬆許多。一旦交談起來令人感覺很舒服，就很容易對你萌生信任與好感了。

是要好好注視對方，並不單只是為了達成鏡像效應而已。

不過，太露骨的鏡像反而會讓對方感到不舒服。當對方明顯感受到「這個人在模仿我」時，可能會覺得你在捉弄他（看到這裡，可能有人會想到因為一直模仿別人而被大家討厭的《模仿小童》故事）。一定要不經意地運用鏡像效應才行。

回溯法

是指像鸚鵡一樣重複對方說的話。

「我那個時候真的很難過。」

「你那個時候真的很難過吧。」

複述對方的感受，會讓對方感覺你能理解他的遭遇。當對方覺得你有好好聽他說話，便會對你有正面觀感。

好感的良性循環

當人們對他人抱有好感時，會自然而然模仿對方的動作。看到這些動作，對方就會覺得「這個人跟我很合得來」、「小孩受到了我的影響真是可愛」，於是也開始對模仿者產生好感。

如果是特意模仿對方的舉動，也能帶來一樣的效果。比方說，你可以試著看似無心地配合對方喝飲料的時機、笑的時機、翹腳的動作、說話的節奏等。

心理學檔案

17

人們很難承受來自群體的壓力

關鍵字▼從眾實驗

由美國社會心理學家所羅門・艾許（Solomon Asch）所進行的**從眾實驗**，其內容雖然簡單卻相當經典。實驗方式是讓七名學生看一張畫有線條的卡片，接著從另外三張卡片中，選出和測試線一樣長的卡片。

當受試者單獨接受測試時，答對率接近一〇〇％。但當七個人同時接受測試，而其他六位都是由工作人員假扮並故意回答錯誤答案的同謀者時，答題的正確率竟下降至六八％。

人類正是如此容易受到群體意見所左右。人們之所以會在開會前先疏通關節，也可以說是一種引導人們從眾的手段。

同儕壓力與人數的關係

艾許藉由從眾實驗證明，一旦群體中其他成員回答錯誤答案，受試者也會跟著回答錯誤答案。而在這項實驗當中，艾許還嘗試改變成員人數，觀察同儕壓力是否有所增減。

工作人員：誤 誤 誤 誤 誤 誤　受試者：?

工作人員全部回答錯誤答案，會有32％的受試者從眾。

工作人員：誤 誤 誤 誤 誤 正　受試者：?

若工作人員當中有一個人回答正確答案，從眾機率會降到5％。

工作人員：誤 誤　受試者：?

當群體人數減少到只有兩個人時，從眾機率會降到13％。

工作人員：誤 誤 誤　受試者：?

當群體人數達到三人時，之後不論人數如何增加，從眾機率最多只會在31～32％之間。

同儕壓力

任何群體都會有同儕壓力，就像如果所有人都抽菸，只有自己不抽便會覺得好像不合群。要避免承受同儕壓力，需要具備強大的意志或行動力，例如：遠離該群體、堅持自己的主張。反過來說，如果刻意讓自己從眾，就能贏得群體信賴，被接納為其中一員。日本普遍被人認為具有太強烈的同儕壓力，但其出眾的組織能力與團結力也經常受到讚賞。

第4章

人際關係心理學

最近妳好像已經漸漸熟悉基本的工作內容了。

沒這回事！

妳剛進公司時，我不太清楚要怎麼和妳溝通，不好意思啊…

嘎滋

看來妳已經和同期的同事相處得很好了。

唔…

嗯！

我非常期待妳日後的進步。
非常感謝您！

看妳那麼明顯地進步，
下個月，營業部要舉辦新進員工歡迎會，我想提拔妳擔任歡迎會的負責人。
咦!?

四月不是辦過了嗎!?
那個是總公司的歡迎會。
這次是我們東京分公司營業部的歡迎會。
而且，讓新進員工擔任負責人是我們公司的傳統。

負責人的人選全權交給我決定，我想推派妳做。
…
好的。
所以妳接受囉！

那麼，妳就和一起加油吧！
……

太好了，不是只有我一個人！
咦…要和誰一起？
有什麼不懂的地方，就問上一任的負責人。
你們兩個人自己安排吧！

好的
兩位負責人，是歷屆慣例。

那個…
那個傢伙很可靠，妳和他一起，肯定能做得無懈可擊。

另一位負責人是黑田。
咦…
咦…
咦…
推眼鏡
有什麼事？
黑田光輝
隸屬於迪波達區域營業部
黑田…是我不擅長應付的類型…
我想找你討論這次歡迎會的事情…

事不宜遲，明天下午你有空嗎？

沒問題。

那麼，我先去問問看前輩有什麼建議！

咚！

對…
對不起！
啊！
咕！
對不起…
算了…
妳別在意…

Coffee

妳突然透過診所聯絡我，就是因為那位黑田的事嗎？

呃…
不好意思…
因為我實在等不到下次商量的日子…

我從以前就很怕和那些我搞不懂想法的人相處。
欸~那個人是不是很帥？
噗！
喔~
對吧~

話說回來，我和Yuu在外面悠閒自在的見面…

今天還是第一次呢。

好帥！

一般人看來確實是這樣。

噗滋

啊姆

出了社會之後，即使遇到不擅應付的人，妳也無法避而不見。
但是，妳會有這種感覺，就表示妳發動了迴避危險的能力。

心理學檔案⑱

敵意歸因偏誤

這是一種從對方的行為感受到惡意與敵意的認知錯誤。

①這種傾向較強的人，容易形成攻擊型人格。

②要是再更強烈一點，可能會採取反社會行為。

碰
啊！
對不…
啊？
妳剛剛是故意的吧!?
妳想找碴嗎!

將他人來意不明的行為，都解讀為有惡意。
這種錯誤認知就稱為「**敵意歸因偏誤**」。

➡ 請見111頁！

這樣啊？
因為我只是聽妳的描述，所以得出的感想會比較含糊。
不過，我想黑田或許是有較強的「**敵意歸因偏誤**」。

怎麼會…黑田他…
從妳的描述來看，他的狀況還不會很嚴重。
我想他肯定也對這種情況感到煩惱。
會這麼說，是因為有個方法能克制這種傾向，
就是當覺得「對方帶有敵意」時，轉念想成「只是有可能而已」。
「啊，那個——」
「妳別在意…」
這樣啊！
原來他在轉換自己的想法。
他覺得自己這種傾向不好，所以也在想辦法改善。
啊，原來如此…
不過，我現在有點擔心，假如我拜託他做什麼麻煩的工作時，他會不會覺得我是硬塞工作給他…
這個嘛～

有個技巧叫做「YES 心理定向」。
啊

心理學檔案 ⑲ YES 心理定向

只要用一些簡單的請求引導對方持續說出 YES，就能讓對方形成習慣說 YES 的心理狀態。

①最後就算提出困難的要求，對方也會答應。

②這是談判或談生意經常使用的技巧之一。

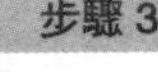

步驟 1

幫我泡杯咖啡。
好。

步驟 2

幫我整理一下文件。
好。

步驟 3

麻煩妳加一下班。
…好。
一開始先提出小的請求，接著再慢慢拜託越來越大的事情，對方就會很難拒絕。

➡ 請見 112 頁！

我就是這樣被間宮主任吃得死死的…

商業領域經常使用到這項技巧，
但它其實在人際關係上也很有用。
這、這樣啊？

先向對方提出小小的請求，如果對方接受妳就道謝，對方向妳提出請求時妳也答應。
一點一滴累積彼此的信任。
感謝招待
如果對方是親近的朋友就另當別論，但如果不是，就需要透過這種方式逐漸累積信賴感。
可以幫我拿包包嗎？
喔，好！
給你。
謝謝妳。
小小的請求啊…
如果能用這種方式和黑田相處，等到關鍵時刻他就會明白妳並沒有惡意。
謝謝惠顧！

嗶——
對了！還有一個……
可以幫助妳提升信任感的技巧，那就是「訪員效應」。

心理學檔案 20 訪員效應
聽對方說話時邊做筆記，容易讓對方留下良好印象。
①對位階較高的人使用，效果特別好。
②這項技巧能成為談話間的潤滑劑，也可以問出意想不到的資訊。
對了，那個時候出錯就是用這個方式補救的…
原來如此。
她很認真聽我說話。
聽對方說話時一邊做筆記，對方會感覺妳對他懷抱敬意。
這就稱為「訪員效應」。

➡ 請見 114 頁！

啊！
我向歷屆負責人請教之前歡迎會舉辦方式時，應該就可以用到這個技巧！
畢竟這個技巧本來就是專門對位階較高者使用的。

而且，就算與對方是第一次合作，
也同樣能讓他感受到妳的敬意。

原本我做筆記是怕自己忘記，
現在開始我會特地做筆記的。

不過，要是黑田說了什麼懷疑妳的話，
妳還是義正嚴詞指正他比較好。
義正嚴詞……
我辦得到嗎？

心理學檔案 21 ➡ 指責技巧

這與其說是心理學，倒不如說是「**指責技巧**」。

當妳想要糾正對方時，要懂得選擇適合的時機和方法。

當你要指責對方或指出對方錯誤時，假如讓內心被憤怒填滿，對方只會覺得「這個人硬是把怒火發洩在我身上」。你需要用對的方式指責對方，才能讓對方明白你真正的感受。

不要在眾人面前指責

在眾人面前指責，對方會感覺你想讓他在別人面前丟臉。

簡短指責

快點結束啦！

一旦持續太久，對方只會想快點解脫而不會反省。

立刻指責

文件的事啊……

到現在才說，我的行程都被打亂了！

要是事後才指正對方的錯誤，對方會覺得「怎麼現在才說」而心生不悅。

➡ 請見 116 頁！

這本來是教導主管如何與屬下溝通的管理技巧。

但我認為在面對朋友與同事時，這也是必要技巧。

這樣啊。

一直以來，就算對方做了什麼不對的事情，我都不敢糾正對方，總是默不作聲⋯

這樣除了本來就和妳契合的人，其他人妳就不知該怎麼相處了吧。
嗚⋯

啊！已經快到我的診所，我要走了。

試著好好指出對方的問題吧。

好！

隔天
那麼我當主持人。
我來詢問前輩會場的事，和…
那可以順便麻煩你預約今年的會場嗎？
那有什麼問題。
咦？
因為我們從現在起必須和大家密集聯繫…
謝謝！
還有，也請你在社群建一個同期的群組。

是可以啦…

啊！

這幾天我整理出了歷年的表演內容。

沒問題的話，我們可以先為這次的活動想幾個備案。

喔…

我們要不要重新分配一下，

各自的負責項目？

我還沒讓他建立好說ＹＥＳ的心理狀態，就不小心一直拜託他了。

他已經產生敵意了…

遇到這種情況時……

那個……

你會不會覺得我把麻煩的工作都推給你呢？

咦……

呃……

也不是這樣……

不只要指出問題，提出自己的主張，還要一併認錯道歉。

我以自己覺得公平的方式來分配工作，

如果讓你不高興了，那真的很對不起。

呃嗯……
那個……
是我常常會把話講得太過分。
我才要道歉……
沒關係，我並沒有介意。
那麼，我們要怎麼分配工作呢？
就照妳安排的吧。
仔細一想，妳從前輩那邊聽到比較多資訊，既然這樣……
找Yuu商量真是太好了。
偷看……
感覺我也能和黑田和睦相處了。

心理學檔案

18

關鍵字 ▼ 敵意歸因偏誤

容易發飆的人的心理狀態

假設你走在人群中，忽然肩膀被撞了一下。這個時候，有些人很容易認為對方是故意撞自己的，有些人則否。

即使遇到相同事情，每個人也都會有不同的反應。有些人傾向將對方行為解讀成帶有惡意，這就稱為**「敵意歸因偏誤」**（hostile attributional bias）。這種思考傾向較強的人，往往會對他人採取攻擊性態度。

如果你發覺自己帶有敵意歸因偏誤，會認為他人的言行舉止有惡意，那麼，當你感覺他們抱有惡意時，就回過頭來告訴自己「或許是我想太多了」。只要能客觀回頭反思，就能避免不必要的紛爭。

各種認知偏誤

要如實看待一件事情很困難，每個人在看待事情時都會帶有某些認知偏誤。

敵意歸因偏誤

對於他人行為感受到過度敵意。雖然有些人是天生具有這種認知偏誤，不過許多人是因童年看到他人的惡意舉止而產生此種偏誤。這項歸因偏誤主要是犯罪心理學與教育心理學的研究項目。

行為者－觀察者偏誤

對於同一件事會用不同方式看待，得出不一樣的結論。當別人認錯人時覺得對方「真是太不小心了」，但自己犯相同錯誤時卻覺得「沒辦法實在太像了」。

自利偏誤

傾向於用「對自己有利」的方式解讀，成功時認為「這是憑藉我的努力與能力所得來的」，失敗時就認為「是因為環境太吵、題目太難」。日本人一般呈現相反的情況，成功時歸功於「運氣與環境」，失敗時則認為是「自己不夠努力」。

正常化偏誤

當地震與火山噴發等天災發生，或遇到車禍與意外事故時，往往認為「我不會有事的」，而過度看輕事情的嚴重性。研究指出，當人面對超乎預期的變化時，會為了不讓內心疲憊而使自己變遲鈍，但這麼一來往往導致人們來不及逃生。

歸因

簡單來說，就是「認為問題出在 xx 上面」。奧地利心理學家海德（Fritz Heider）提出「歸因理論」，指出當人們遇到問題時，假如認為原因在自己身上，即稱為「內在歸因」；若認為原因出在環境或運氣等外在條件上，則稱為「外在歸因」。這套思考方式在社會心理學領域極為重要，學界也對此進行多項研究，歸因偏誤（偏頗地解釋行為原因）是其中一種。

心理學檔案
19

關鍵字 ▼ YES 心理定向

讓人無法拒絕的說話技巧

當我們要拜託別人做事時，對方當然不可能無論何時、對於任何事情都欣然接受。如果是棘手的事情，那就更不必說了。

不過，只要一開始先從小事開口（而不是一下子就拜託對方很大的事情），最後往往就能讓對方接受你請託的事情。這就是心理學當中的「**YES心理定向**」技巧。

人一旦說出了一次ＹＥＳ，接下來再被人拜託其他事情時，就很容易再次說ＹＥＳ。ＹＥＳ心理定向技巧便是利用了這一點特性。

比方說，當你要對公司屬下運用這套手法時，必須一開始先反覆交辦無數項極為簡單的工作，塑造出讓屬下容易說出ＹＥＳ的心理狀態。只要不斷重複這個過程，屬下對於主管的交辦事項就很容易如制約反射般地回答ＹＥＳ。

這時如果交辦一項重大任務或棘手案件，由於屬下已經變得很難開口說ＮＯ，便很有可能接受這項工作。這套技巧能有效減少員工違抗主管指令，或交辦完

日常生活中的實際運用

商場 ▼ **讓對方接受要求**

當人們談生意時，一開始總是會先與對方閒聊。首先雙方會說：「今天天氣很不錯吧！」「對啊！」等乍看無意義的對話。但其實這麼做，是藉由提出對方絕對會回答ＹＥＳ的問題，為對方建立起容易說ＹＥＳ的心理狀態。而且，當人持續回答ＹＥＳ時，能消除緊張、使身心放鬆，因此接下來談生意時，也比較容易有肯定的答覆。

戀愛 ▼ **成功交換聯絡方式**

在戀愛方面，第一個會遇到的瓶頸，應該就是如何交換聯絡方式了。這時，「ＹＥＳ心理定向」技巧就可以派上用場。一開始先與對方閒聊，接著慢慢

事項就辭職的情況，能有效提高員工的留任率。

反過來說，對於屬下而言，只要對這個技巧有所自覺，就比較能避免自己在不知不覺間被託付棘手的工作，或是被公司塑造成總是逆來順受的員工。

此外，「原本只是填問卷，但回過神來才發現自己被人推銷高額商品」的情況，也可以說是巧妙運用了YES心理定向。若要避免發生類似情況，得更加留意才行。

將話題帶到興趣或私人生活，讓對方不斷講出：「對啊！對啊！」這麼一來，對方就不會對你過度警戒，想必也會願意和你交換聯絡方式了。

超說服的催眠話術

這套心理技巧是由美國催眠療法師艾瑞克森（Milton Hyland Erickson）所設計。他先提出一些順應對方想法的問題，讓人不斷回答 YES，漸漸引導患者進入催眠狀態，形成有利於治療的心理環境。

以一名接受免費姻緣諮詢服務的女性為例

妳的朋友陸續結婚了，讓妳覺得很著急。

對啊！

妳擔心再繼續這樣下去，可能會結不了婚。

對啊！

妳想要結婚吧？

對啊！

我有辦法算出妳的未來，但是時間比較長的方案，結果會較準，我推薦妳一小時 1,500 元的方案，要不要試試看？

如果是這樣的價格…好啊。

我們都知道，去接受免費姻緣諮詢的女性，一定正為結婚的事煩惱焦慮，這時只要算命師不斷引導對方說 YES，就能成功消除客人對付費服務的抗拒感。

光是做筆記就能留下好印象！

關鍵字▼訪員效應

如今是高科技當道的二十一世紀，但還是有許多人認為採訪記者的形象是「一手拿著備忘錄、一手拿著筆」。而在十幾、二十年前的漫畫裡，「情報販子」之類的角色經常會把鉛筆夾在耳朵上。

其實，將獲取的資訊筆記下來，背後隱藏許多意義與效果。**做筆記**不僅能幫助自己整理重點，有時回頭再看，又會激發新的想法。

除了幫助自己整理與統合資訊之外，做筆記還能帶來更大的效果——**讓對方留下良好的印象。**

打個比方，假設主管或前輩要教導屬下事情，他們往往會留意屬下是否真的了解自己所說的話。雖然屬下可以用應聲的方式表示自己正在聆聽，但依然有可能讓對方覺得「或許這個人只是假裝在聽而已」。

在這種情況下，要是屬下邊聽邊做筆記呢？想必對方會明白屬下很努力地寫下、記住自己所說的話，也努力統整重點。這麼一來，便能留下好印象。

心理技巧

日常生活中的實際運用

購物▼**消費不當冤大頭**

當買房、旅遊購買昂貴商品或珠寶時，都有機會與負責人交談。如果只是單純聆聽對方說話，很有可能會傻傻地被牽著鼻子走。但消費者若能做筆記，店家也會更謹慎，願意設身處地為客人著想。此外，做筆記也能幫助你了解商品的條件與特色，向店家提出更明確的問題。若想擁有良好的購物經驗，訪員效應也派得上用場。

工作▼**讓會議成果更豐碩**

訪員效應主要應用於：在主管或重要客戶面前做筆記，但其實與同事開會時也很需要做筆記。只要我們認真聆聽，對方也會更加謹慎，認為必須提供更正確此外，邊聆聽對方說話邊做筆記，也能有效引導對方說出更多資訊。這在心理學上稱為「**訪員效應**」（interview effect）。

當人們看到對方在做筆記時，會更加意識到自己正受到矚目、備受重視，而不知不覺地說出更多且更詳細的內容。

的資訊。這麼一來，會議的成果也會更加豐碩。

讓對方想認真回答的技巧

當受訪者看到採訪者認真提出問題時，勢必會想提供更多正確資訊給對方。這種情況不只限於正式採訪時，只要聆聽者能做筆記並認真聆聽發言，發言者就會產生這種心理狀態。

- 只要抱持敬意地聆聽對方說話，對方也會認真以待。
- 讓對方想要提供更多正確資訊。
- 若能展現出認真的態度，對方也會萌生好感。

心理學檔案 21

關鍵字 ▼指責技巧

好主管得先學會有效的「指責」

工作總會犯錯，如果你是主管或前輩，想必一定會遇到得指責後輩的狀況。為了要讓工作順利進行、達成目標，勢必需要指正對方的錯誤，教導對方如何避免重蹈覆轍。

不過，你必須明白「**發火**」與「**指責**」是完全不同的事。如果屬下犯錯，主管只是一味將怒火發洩到對方身上，並不會對事情有任何實質幫助。

這時需要的不是單純的「發火」，而是藉由「指責」讓對方老實反省自己的錯誤，而若要有效指責對方，就必須學會指責的方法與技巧。

首先，必須「**立刻指責**」。拖得越晚，指責效果就越差。再來，指責要盡可能在「**短時間**」內結束。

除了對方該指責的地方之外，也要找出對方值得誇獎之處，例如「這一點很好，但這一點不行／應該改進」，混合正面與負面的評語，或是採取「誇獎↓指責↓誇獎」的形式，用**正面話語**前後包住指責話語，也是很有效的方法。在這種情況下，對

「借來的貓咪」原理

「借來的貓咪」原理是一套知名指責訣竅，在此介紹給各位。

不流於情緒化

一旦流於情緒化，可能會導致對方心情低落，沒辦法充分掌握重點。倘若能注意不流於情緒化，反而還能刻意在對方面前表現出情緒化的模樣。

說明原因

清楚說明指責原因，讓對方明確知道改進方向。

簡短

長篇大論的說教並無法讓對方明白問題

指責技巧①～③

當屬下犯錯時，即使你再怎麼憤怒，也絕對不能任憑自己被情緒牽引。你需要遵循正確的指責方法，屬下才能明白你真正想表達的內容。

① 立刻指責

任何人被指出錯誤時都會感到不愉快，更別說在當事者已深切反省後才指責了。當你必須指責屬下時，請立刻進行，不要有時間間隔。

② 簡短指責

一旦指責時間過長，對方只會想著到底什麼時候才會結束，只想快點解脫而不會反省。最恰當的時間為五分鐘以內。請記得針對重點簡短指責。

③ 不要在眾人面前指責

在眾人面前指責，會讓屬下覺得自己當眾出糗。要選擇單獨相處的時機指責，就能讓屬下感受到你並不是要讓他蒙羞，也會願意傾聽你所說的內容。

方的內心較有餘裕去坦然接受指責，也更容易抱持著積極改善的心態。

另外，為了屬下或後輩著想，最好不要在眾人環視下指責，記得選擇**沒有其他員工的地方**指責。若在其他員工面前大聲指責屬下，會讓對方蒙受不必要的恥辱，很有可能導致對方徹底喪失自信或幹勁。只要能在沒有其他員工的地方簡短指責，對方理當也能感受到「主管是為了我好才糾正我的」。

此外，在彼此都坐著、視線齊平下指責，也是很重要的一點（不要讓自己「高高在上」地俯視對方）。即使在指責，依然必須讓對方感受到自己被尊重。

核心。簡短指責，再觀察對方之後的表現。

④ 不觸及對方人格

對方的人格或個性與犯錯一事並沒有任何關係，當你在指責對方時，不需要觸及對方人格。假如你想與對方談論他的人格特質，最好找其他機會，以「提出建議」的形式會比較好。

⑤ 不過度與他人比較

有些事有的人特別擅長，有的人就是不擅長。雖然有一些主管會想藉由「比較」來刺激屬下。但這也表示，主管未能針對各個屬下採取相應的管理方式。此外，這麼做只會讓屬下感到受辱，絕不會因此而積極進取。

另一方面，對於屬下而言，受到指責時也需要將一定程度的話（真的只是一定程度而已）當作耳邊風，也就是所謂的「**無視技巧**」。並不是所有主管或前輩都擁有崇高人格，他們也可能有不同的情緒問題，甚至會藉由辱罵屬下或後輩而讓內心舒坦。

指責技巧④～⑤

要是趾高氣昂地破口大罵，只會使對方情緒低落，沒辦法真正反省。能「換位思考」也是很重要的一點。

④ 視線齊平

記得讓彼此視線齊平，雙方同時坐著或站著，不帶給對方不必要的壓力。

⑤ 加入正面評語

如果能在指責時也誇獎對方，對方內心就有餘裕坦然接受指責。以「誇獎→指責→誇獎」的方式，用正面言語前後包覆住指責話語，能獲得更好效果。

⑥ 不記仇

假如每次遇到事情時，主管都會重提屬下曾犯的錯，又若那件事和眼前錯誤無關，那就只會讓對方感到受辱而已。此外，屬下會覺得主管一直記得自己曾犯的錯，彷彿自己在主管心中的定位也就永遠如此了，而喪失對工作的企圖心。

⑦ 一對一

在辦公室其他同事面前指責犯錯者，幾乎沒有任何好處。雖然有一些主管會以這種方式來殺雞儆猴，但這麼做會讓犯錯者與在場見到指責情景的同事，全都變得委靡不振，等於奪走屬下成長的機會。

第5章

職場必備心理學

營業部新進員工歡迎會
第一組
第二組
第三組
第四組
在大家齊心協力下受到熱烈迴響…
接下來是——
由新進員工頭號美女笹川櫻，以及想表演足球頂球卻被否決而百般哀求的淺田陽太所帶來的…
啪！
鏘♪
咚！
空氣水上芭蕾！

鏘

啪沙
啪沙

鏘鏘！
整齊劃一！
哇！
好厲害！
紙片做的水花！

好啊！
邁向世界錦標賽！
部長請用！
手腳俐落
好險我當主持人…

歡迎會結束了。

階段性的研修課程也即將結束。

時序來到了梅雨季。

好了，我們外出拜訪客戶吧！
好！

這是我第一次拜訪客戶！
得注意不要失禮。
妳會緊張嗎？
會…
不會！

別擔心。

今天要拜訪的客戶的主力商品不是鞋子，所以妳不用太緊張。

就算妳做出什麼失禮的事，讓人家把我們列為拒絕往來戶，對公司也不會有影響。
趕出去
SHOP
碰！

嗚…

雖然間宮主任在毫無自覺下施加的壓力，讓我一度臉色發白。

但其實我並不擔心。

喜鵲商店街
雖然多少會有點擔心，
但內心深處卻很沉著。
這都多虧Yuu教我的心理學！
暢快運動用品店
山崎先生，您好。
您好。
山崎和夫
「暢快運動用品店」鞋類採購負責人

這是我們的新人…
我叫小松川！
今天開始由我來擔任聯絡窗口。
請多多關照!!
我才是，請多關照。
逼近…
我就直接切入正題吧。
關於商品動向與終端消費者的消費傾向…
要麻煩您詳細告訴我們。
你還是老樣子，這麼直接。
貴公司的運動鞋還是一如往常賣得不錯。

那間運動用品店…
能讓客人充分感受到迪波達產品的魅力，
我想只要我們努力的話，銷售額應該會進一步提升！
感覺值得一試呢。
多謝款待
就是啊！
雖然鞋類不是他們的主力商品，
但採購負責人很願意提供協助，所以我想要努力看看！
嘶！

讓我來泡吧！

是我自己想喝，順便泡給你們的。
妳的觀察力真敏銳。

是不是內心舒坦了，就開始能注意到周遭事物了呢？

好了，回去位子上坐吧。

對不起，原來我平時都注意不周。

希望公司產品能暢銷，所以想尋求心理學的幫助。

這就是妳今天想商量的事情嗎？

就是這樣沒錯！

呵呵。
？

我才在想妳好久沒來了…

不過今天商量的內容變得很積極，和之前大為不同。
我很高興喔。
不好意思！
沒關係的。

這表示妳對於出社會的憂慮越來越少了。

這也多虧了Yuu的指導。
我也算不上什麼指導，只是教一些稍微實用的技巧而已。
總之，妳想問怎樣才能讓採購引進更多妳們公司的產品吧？
沒錯！

因為一般店鋪還是以販售國外品牌的運動鞋為主，

國外品牌

我希望這次他們能主打迪波達的新款健走鞋，

增加我們公司的曝光量。

迪波達

袴田教授也請坐吧。

話說回來，其實在心理學技巧中，商業領域的運用成效最大。

嘿咻！

原來這麼厲害啊!!

其實有各式各樣的商業應用技巧。
比方說，妳聽過「誤導式的前提暗示」嗎？

心理學檔案 22 誤導式的前提暗示
藉由將幾個選項擺在對方眼前，消除對方心中的前提選項。
①當客人猶豫不決時，直接向客人推薦款式A和款式B。
②客人便開始思考A和B哪個比較適合自己，轉為以選擇A或B為前提，而不是考慮要不要購買。
這項技巧是藉由從一開始就給消費者錯誤的前提，影響對方的判斷。
這雙鞋子我很喜歡，但有點貴…
這款很適合妳！
嗯…那就這雙好了。
不過，這款的顏色也很適合妳！
➡請見139頁！

感覺有點蠻橫呀。
只要能在對話中巧妙暗示對方，就能收到不錯的效果。
但如果不是像Yuu這麼能言善道的人，
對方只會覺得你想坑他，反而會引起對方不悅。

單面陳述／雙面俱陳

說話者使用不同方式陳述商品或服務的優缺點，會給聽者不同的印象。

①單面陳述：當只差臨門一腳消費者就會買時，便告知商品的優點。

②雙面俱陳：對於想要深入了解商品的消費者，便一併提及商品的缺點。

③對於不想過度深究商品資訊的人採取單面陳述，對於想要深入了解商品的人則使用雙面俱陳。

單面陳述
這款產品的品質有保證，模特兒○○也在使用…
感覺蠻好的，就買買看吧！
「單面陳述」只提到優點，
「雙面俱陳」則會一併陳述缺點。
雙面俱陳
這款產品賣得很好，品質有保證。
但它不列入折扣商品…
所以它具有與價格相符的價值吧！
銷量 No.1

➡ 請見 140 頁！

討厭啦，我才沒有經常用呢！
滋
原來偶爾會用…

在正面出擊時，也可以使用「單面陳述」或「雙面俱陳」。

這個我好像有印象。
是嗎？

那表示妳還隱約記得找工作時的面試技巧。
這樣啊？
Yuu…

你在我的辦公桌做什麼？
我想再拿個五包砂糖。
再加！
五包!?

今天我的糖分攝取不足…
真是的。
我可不能讓你用這種方式補充糖分。
你過沒多久就會得糖尿病喔！
我來找些東西幫你補充糖分，你們繼續說吧。
哇
找工作的面試技巧啊…

那麼，妳的缺點是什麼？
是！
我的缺點是不擅長和人相處…
那時面試官曾問妳有什麼缺點吧？
找工作就是將自己推銷給公司的一種銷售行為。
買主
商品

其實有些人並不想聽到缺點，
所以有時雙面俱陳並不是最好的方法。
好！我會區分使用時機的。

希望你還能再教我一些自然的應用技巧…

那就教妳——「脈絡效應」吧！

心理學檔案 24 ➡ **脈絡效應**

不同的脈絡（對話情境或商品展示方式），會讓對方有不同的感受。

①同一個問題，在聊興趣或朋友等愉快的話題之後問，跟在談論工作事務之後問，可能會得到完全不同的回答。

②外觀差異也能製造錯覺，例如：採用豪華的包裝，客人眼中的商品價值就會增加。

③藉由脈絡（展示方式）差異，使對方做出不同判斷的心理技巧，就稱為「脈絡效應」。

➡ 請見 142 頁！

餐具看起來的確很貴⋯
不是的！
這些餅乾看起來好好吃。
⋯話說回來，我最近經常看到教人怎麼聊天的書。
沒錯。
不光是商業領域如此，
其實在人際交流方面，拉近彼此的距離比任何事情都重要。
就這一點看來，最好還要記得「**自我揭露**」。

心理學檔案 ㉕ ➡ 自我揭露

主動向對方透露自己的想法、感想或興趣等，就能打開對方的心房。

①最後就算提出困難的要求，對方也會答應。

②這是談判或談生意經常使用的技巧之一。

➡ 請見 144 頁！

這樣啊。

先用自我揭露拉近彼此距離，再談公事，

就會形成脈絡效應，讓對方覺得「這是朋友提出的意見」。

才剛學會就貿然採取這套方法，可能會被對方識破意圖。
但只要是真心誠意，肯定就不會有問題的。
謝謝老師！
把商量的工作交給你，真是不好意思。
但託你的福，小松川似乎已經順利振作起來了。
別這麼說，是她本身就很努力。
嗯。
她接下來應該會繼續進步的。

這個不尋常的
諮詢會⋯⋯
也差不多再開個
一、兩次就夠了。

心理學檔案 22

關鍵字 ▼誤導式的前提暗示

二選一，不給對方拒絕的餘地

除了第四章提過的**YES心理定向**（↓112頁），還有別的方法可以讓對方答應請求，其中之一就是「**誤導式的前提暗示**」。

誤導式的前提暗示是以「對方已經接受」為前提，再讓對方以二選一的方式回答。這項技巧除了可用於向別人提出請求之外，也能用在銷售產品與提出邀約上。

比方說，約對方吃飯時不是問：「要不要一起吃飯？」而是問：「你喜歡中式料理還是義式料理？我知道幾家不錯的餐廳。」對方往往會在不知不覺間轉為以「去吃中式料理或義式料理」為思考前提。

用錯誤前提收服人心

人天生有種傾向，當眼前出現兩個選項時，會不自覺從中擇一。只要提供對方有利自己的選項，就能有效誘導對方。

邀請對方約會時

男
要不要吃個飯？

女
嗯…今天先不要。

若給對方「去」與「不去」的選項，對方容易選擇「不去」。

男
你想吃義式料理還是日式料理？

女
嗯…我今天比較想吃日式。

一旦直接以「出去吃飯」為前提，對方自然會從中選擇，腦海中並不會浮現「不去」的選項。
不過，假如對方明顯討厭你，或你提出太過分的選項，這項技巧的效果將大幅降低。

假兩難推理

「假兩難推理」（false dilemma）和誤導式的前提暗示很像，指讓對方陷入極端的結論，如：「你不幫我就不是我的朋友！」或不讓對方考慮第三個選項：「要是你不站在我這邊，你就是我的敵人！」當你陷入這種情況時，只要思索所有的可能性，便能指出選項是錯的，或避免自己過度深陷其中。

心理學檔案 23

連缺點一併說明，提升信賴度

關鍵字 ▼ 單面陳述／雙面俱陳

任何產品都有優點與缺點。當人們在介紹產品時，若只強調該物的優點稱為「**單面陳述**」（one-sided presentation），同時提到優缺點則稱為「**雙面俱陳**」（two-sided presentation）。

假設你是眼鏡店老闆，若你對客人說：「這副眼鏡很輕，戴起來無負擔。」就屬於單面陳述；若你對客人說：「這副眼鏡比較不耐撞，但是很輕、戴起來無負擔。」則屬於雙面俱陳。

當對方幾乎不具有相關產品知識時，適合使用單面陳述，但壞處在於，若對方之後發現產品缺點，可能會提出客訴。

就上述的眼鏡例子而言，當顧客的眼鏡因碰撞而損壞，可能會想：「這副眼鏡的確很輕又無負擔沒錯，但是怎麼這麼容易壞！」甚至可能質疑老闆是故意隱瞞容易損壞的事實。有些人聽到老闆單方面強調產品優點，也可能質疑是不是有隱情。

一般來說，以長期而言，雙面俱陳效果較好、較能獲得對方的信賴。只要事先和對方說：「這副眼鏡比較不耐撞，不

心理技巧

日常生活中的實際運用

面試 以雙面俱陳較佳

為了能順利被錄取，人們總是希望對方看到自己的優點，但面試官會傾向以「每個人都有一、兩個缺點」為前提進行綜合評斷。要是一味強調自己的優點，可能會讓對方認為：「這個人習慣隱藏缺點。」因此也要記得提到自己的缺點，同時說明你正採取何種方式改善。

戀愛 未必要坦白缺點

雖然有人認為對喜歡的人誠實、毫不隱瞞是很棒的行為，但這麼做未必是對的。對於想要交往的對象，或是剛交往不久時，反而應該積極展現自己的優點。

過……」等到眼鏡壞掉時，對方便會認為：「這也是沒辦法的事。」

但採用雙面俱陳時，陳述方式就顯得極為重要。基本上，最好先提到不好的一面。以「雖然有這個缺點，但卻擁有這麼大的優點」的方式陳述，會有更好效果。

結婚

以雙面俱陳較佳

當雙方有結婚意願時，破壞彼此信任的行為等於引火自焚。假如你有什麼缺點尚未告訴對方，還是盡快讓對方知道比較好。要是在隱瞞的狀態下結婚，等到婚後對方才知道，對方可能會感覺自己受騙，彼此的信任也將頓時瓦解。

陳述時機與方法

需要根據談話對象，來區分使用單面陳述與雙面俱陳的時機。對於已經決定購買或不想太深究的人，適合單面陳述；對於在多種產品間猶豫不決，或想要多花點時間深入了解產品的人，則適合雙面俱陳。

	不會考慮太多的人	想要深入了解的人
單面陳述	○增加購買欲望 ○深信非常划算 ○想要立刻擁有這件好產品	×認為應該還有缺點而心生懷疑 ×若未告知所有資訊會有不信任感 ×感覺受人操縱
雙面俱陳	×打消購買欲望 ×開始懷疑這項產品的價值 ×還要看缺點很麻煩	○任何事物都有缺點很正常 ○因店家如實陳述缺點而感到信任 ○感覺已經考慮周全而心生滿足

假如你說明眾多優點後對方還是半信半疑，這時採取雙面俱陳便能增加說服力，使對方決定購買。

心理學檔案 24

關鍵字 ▼ 脈絡效應

切入主題前先哈拉搏感情

當你在談生意的過程中，感覺對方並沒有敞開心房，這時該怎麼做才好？其中一項有效的技巧就是：**帶入個人興趣等私人話題**。人在聊完有親切感的話題之後，往往較容易接受對方提出的要求。

紐約大學心理學家格蘭妮．費茲曼（Grainne Fitzsimons）做了一項饒富興味的研究，她以隻身待在機場休息室中的人為實驗對象，向他們說明自己正進行心理學調查。她詢問其中一半的人：「你有怎樣的朋友？」詢問另一半的人：「你有怎樣的同事？」

接著，再問所有人：「我還有其他幾個問題，會花比較多時間，你願意協助我嗎？」結果顯示，回答朋友問題的人當中，有五二．九％的人願意協助，而回答同事問題的人，只有一八．○％的人願意協助。

從這項實驗可得知，被詢問朋友問題的人在回答問題時，心情會比被詢問同事問題的人還要好，也較樂意繼續提供協助。

這表示當人們在交涉談判

心理技巧 日常生活中的實際運用

銷售 ▶ 打造必需品

有些產品的價值會因客人「從事某項活動所需要」而提高。比方說，在公共澡堂泡完澡後，會想要喝一瓶牛奶，這就是日本文化所塑造出的脈絡。同樣的道理，看電影配爆米花、喝完酒吃拉麵等，爆米花與拉麵都形同於必需品。當客人從事某項活動時，準備適合搭配的商品非常重要。

銷售 ▶ 伴手禮

當人們到外地旅遊或回老家，猶豫該買什麼伴手禮時，優先考慮的重點通常是「是否為當地特產」而不是「美味度」。就算一項產品再怎麼可口，如果在全國的連鎖店都買得到，美味度也彷彿瞬間時，乍看之下毫無關係的談話內容，其實會大幅改變對方的反應或印象。心理學將這種現象稱為「**脈絡效應**」（contextual effect）。

優秀的銷售員與業務經常會先和對方聊些無關緊要的事情，接著便在不知不覺間帶入生意方面的話題。先用興趣等話題讓對方講得很愉快，引導對方敞開內心。若要和慢熟又內向的客人順利溝通，這項技巧也相當有效。

提高價值的方法

脈絡效應會讓人根據不同的情境而對一件事物有不同的感受，倘若展示情境具有高度價值，那麼人們就會感覺該項事物也具有較高的價值。

戰國武將鍾愛的茶杯

高價值

1,000,000 日圓

不易破裂的現代茶杯

低價值

雖然外觀是不錯啦…

10,000 日圓

一樣是茶杯，「有誰使用過、何時製造」的脈絡所提高的價值，遠勝於「不易破裂」等功能性脈絡。

減半。雖說如此，風格太獨特的產品也無法讓收禮者開心，因此還是要考慮口味。假如不送食物，則要選擇不會對生活有所妨礙的物品，畢竟考慮對方收到之後的心境轉折也是很重要的。

心理學檔案

25

關鍵字 ▼自我揭露

吐露內心，拉近彼此距離

「**自我揭露**」（self-disclosure）是指將自己的內心或個人資訊如實告知他人（雖然有時候我們並未正確掌握自己，對方也有可能對他自己有錯誤認知）。

人們對於向自己自我揭露的人很容易產生親近感，可能會因此而心想「既然對方都告訴我這麼多了，那我也得告訴對方」，於是也向對方揭露相同程度的資訊。任何人都很喜歡他人對自己比較特別或被他人依靠的感覺，因此只要聽到他人說「這種事我只能找你商量」，就會忍不住想要盡力幫助對方。

「我對你展露出真正的自己，你也對我展露出真正的自己」，是人與人之間溝通的一種方式。若要促進群體成員良好溝通，群體中的每個人最好都要做到某個程度的自我揭露。如此一來，彼此都會越來越覺得「我已經展露了這麼多內在的一面，我很相信這個人」。

只要能活用自我揭露的技巧，便能獲得對方信任，更有可能讓對方說出自己想得知的資

日常生活中的實際運用

引導對方閒聊

若想盡快贏得對方信賴，自我揭露是非常有效的手法。尤其對初次見面的人效果最好，因為你在對方心中的印象就會是一個願意敞開心房的人。但要注意避免過度深入剖析自己，應該談些像興趣這種無關緊要的事情，或學生時期的經歷等，引導對方閒聊。

工作

如實回答問題

在公司舉辦的交誼會中，同事間都有最低程度的信任。大家往往會先說出自己的想法，再問：「你覺得呢？」有時候你不方便回答對方問題，但要是拒絕回答或沉默以對都會讓氣氛變僵。因此，就算你回答：「我的興趣是追星。」這

自己先敞開內心，對方也會敞開內心

只要能藉由自我揭露讓對方明白自己的心情、經驗或人生觀，就會讓對方覺得「這個人很平易近人」而萌生好感。此外，由於自我揭露同時具有回報性，因此對方也會跟著敞開內心，彼此會變得越來越親近。

①自我揭露	→	②回報性	→	③提升親密度
用不求回報的態度，向對方訴說自己的真心話或經驗談。		對方會感覺「這個人很平易近人」而抱有好感，並且基於自我揭露的回報性，也想要告訴你他的真心話或經驗談。		互相吐露了真心話，彼此關係更為緊密。

訊。反過來說，如果無法成功自我揭露，也很難得到對方的信賴。

自我揭露與「**自我呈現**」（self-presentation）不同。能言善道的人不會一味宣揚自己的想法，而會在對話當中適度夾雜一些自己的資訊，進而巧妙讓對方說出自己的資訊，引起迴響。只要雙方都能順利自我揭露，彼此就會認為「這個人很值得信賴」。過度的「自說自話」只會讓人感到「煩死了」，但若能順利自我揭露，就有可能建構圓滿的人際關係——這也是自我揭露與自我呈現的差別。

「這次大相撲誰會奪冠呢？」「你喜歡相撲嗎？我自己

種很多人可能無法招架的答案，依然還是有可能因此而開啟話題。當對方向自己提問時，就如實回答吧！

戀愛 主動自我揭露

在戀愛中，信任極為重要。要讓對方了解自己，一定要記得主動自我揭露。這麼一來，基於自我揭露的回報性，對方也會告訴你他的事情，而能漸漸加深信賴感，增進彼此感情。

教育 適度自我揭露

在教育方面，對小孩說「快去○○」、「不行○○」並不是理想做法。最好能運用自己的經驗，告訴對方為什麼該這麼做。不過，不同年齡所能理解的事物範圍不同，因此自我揭露時也必須考量小孩年紀。

不太了解相撲，但是很喜歡綜合格鬥技。」在這個情況下，要是單方面聊綜合格鬥技的事情，但對方對綜合格鬥技沒有興趣，便不會對你的話產生迴響。但如果可以泛論包含相撲在內的所有格鬥技共通點，就能引起共鳴。

自我揭露與自我呈現

自我揭露與自我呈現看似相像，卻完全不同，後者目的在於獲得對方誇獎，是有高度認同需求的溝通方式。

當一位美女說…

我都花兩個小時化妝，是不是很浪費時間？

自我揭露

談論與外表沒有直接關係的話題，並不是為了得到對方的誇獎。

我一點都不漂亮，所以我覺得很痛苦…

自我呈現

想要讓對方否定自己是醜女，希望聽到對方說：「妳很漂亮啊！」目的是要得到對方的回應。

自我呈現是一種操縱印象的手法，與自我揭露在意義與效果上都不同，但若運用得宜也是有用的溝通技巧。

SST

這是「社會技能訓練」（social skills training）的簡稱，為認知行為治療法之一。意指訓練人們學習在社會生存必備的潛規則或技能。自我揭露是 SST 經常使用的重要手法。「充分表達自己的想法讓對方明白」是日常人際交流中的基本項目──儘管不容易實行，卻非常重要。

第6章

六月下旬
暢快運動用品店
原來您都會參加市政府舉辦的馬拉松大賽啊！
只是半馬而已…
多虧了迪波達的慢跑鞋，讓我能順利跑完全程。

哪裡，非常感謝您的支持！

我參加社團活動時也經常穿迪波達的球鞋，能進迪波達真的很開心。

那麼，這麼說我們都是迪波達的粉絲了。

和氣融融

現在像您這樣的人越來越多了，慢跑鞋的需求也開始增加。

對啊。

我們公司會在夏天到秋天，推出新款的慢跑鞋和球鞋。

可以的話，能不能在店裡幫我們建一個特設專區呢？

其他品牌也是這樣，慢跑鞋的需求幾乎和運動休閒鞋一樣了。

這樣有沒有成功建立脈絡效應呢？

我們公司的產品確實不受年輕族群歡迎。
但在四十多歲到五十多歲族群間一直賣得很好。
而且，本次的新鞋款提升了耐用度與避震效果。
這款鞋子的目標族群是想避免受傷而不是想創紀錄的人，我認為很符合現在的市場需求。
是否雙面俱陳了呢？
…這樣的確比較容易推薦給本店的客人。
那麼…
不過，
如果要引進大量款式而需要大幅更動展示架，就不是我一個人可以決定的了。
…咦？…

我沒跟妳提過嗎？
暢快運動用品店是連鎖店，在縣內有五間店鋪。
妳負責的是其中一間。
我明白了，
到時候我也會跟妳一起去他們總公司的。
「這沒辦法由我一個人決定，
可以請妳直接跟總公司的負責人說嗎？」

雖然這間店的規模不大，但這個機會是妳爭取到的。

就由妳來準備文件和簡報。

好…好的！

袴田恆彥教授
真是的…
雖然我回答得充滿氣勢，但卻馬上就跑來找Yuu了…
袴田恆彥教授
叩！叩！

我來了…
報告我收到了，妳可以回去了。

胡桃學姊？
燦笑
真的是胡桃學姊！
奧原麻衣
秀智大學三年級
妳不是畢業了，怎麼會來學校？
興奮不已
奧…奧原。
說到我的痛處…
喀擦！
啊！
那個傳說中只會在上午出現的年輕講師！
妳是誰？

正襟危坐
咳！
呃…
為什麼奧原還在這裡？
接下來是胡桃學姊的社會人士煩惱諮詢時間，對吧？
拍手
拍手
拍手
讓她一起聽沒有問題。
胡桃學姊人真好！
到哪裡去找這麼好的機會，
可以聽到出社會學姊的煩惱跟解決方法呢！
興奮不已
興奮不已
耶～我先買好午餐，真是太好了！
好了，快點開始吧！
颱風…

我要去他們的總公司，而且對方還是沒見過的人，我希望能盡可能準備周全。

…對簡報有幫助的心理學技巧？

既然要準備，那麼最好先了解一下「免疫理論」。
閃亮
我討厭打針
嗚！

避免感冒可以打預防針，心理也一樣可以打預防針。

心理學檔案 26 ➡ **免疫理論**

人無法招架預料之外的反駁，因此如果能預先知道對方會如何反駁，就不會被輕易說服。

①這套理論由社會心理學家威廉・麥奎爾（William McGuire）提出。

②其原理就和預防接種一樣，只要能事先知道較弱的反論或資訊，即使實際遇到更強烈的反論或資訊也不會動搖。

③這套技巧也能有效防制詐騙。

〇只要能事先了解自己的弱點…

這樣對暢快運動用品店沒有好處耶。
這、
這樣嗎!?

這樣似乎對我們沒有好處…
宣傳活動只是一時的，
這個方案的最終目標在於增加新顧客，持續提升銷售額！

➡ 請見 167 頁！

這套理論的內容是，只要事先了解對方會提出哪些反駁方式，就比較不容易被對方說服。
喔～
事先準備對策真的很重要。
找工作面試的事前準備也很重要，所以有人說面試時要把最想進的公司放在最後。
假如毫無準備就正式上場，一被問到預料之外的問題，很容易就內心動搖而聽從對方的意見。
再來，還要學會主動進攻。
也就是知名的「以退為進策略」。

心理學檔案 27 以退為進策略

一開始先提出一個很難達成的請求讓對方拒絕，再漸漸降低難易度，引導對方接受自己所期待的要求。又稱為「讓步式請求法」。

這項技巧是一開始先拜託對方較困難的事情，等到對方拒絕後，再向對方提出一項容易接受的請求。
我們的價格非常實惠。
我不需要。
那可以幫忙填一下問卷嗎？
這倒還可以接受…

➡ 請見 168 頁！

這個我在電視上看過！
不過，當時好像是在說戀愛方面的事…
這是非常有名、也被大家廣泛運用的技巧。
像是約暗戀對象出去時，也可以使用這項技巧。

雖然「技巧」這個詞總給我一種蠻橫的感覺，但是懂得預先做好階段性的準備，應該會很有成效。

如果妳比較喜歡看起來不像技巧的方法…
我不是這個意思～

那也可以用之前說過的「月暈效應」（→56頁）。
那個效應好像是指一旦立下大功，其他方面的評價也會跟著提升…

……

就算該項特徵並不屬於當事人，也能提升別人對當事人的評價。
比方說，當人們看到一個教授被能幹的後輩仰慕時…

有的人就會覺得「這麼優秀的後輩竟然會如此仰慕他，看來他不只工作能力好，應該也很有人格魅力」。
那我還真羨慕這位教授。
不過也有可能是因為能幹的教授很疼愛這個講師後輩，
人們因此覺得「這麼優秀的教授竟然會這麼疼愛他，所以⋯⋯」
哈哈哈！
說得真好。
匡啷！
從這一點看來，如果主管能跟我一同前往，應該就能得到一定程度的效果。
再來⋯⋯
就是要知道「時近效應」與「高潮敘事法」。

心理學檔案 ㉘ ➡ 時近效應

當人在評斷某件事物時，往往會受到不久前剛得知資訊的強烈影響。

①人判斷事物時，會受「最後印象」強烈影響。

②人們經常將時近效應與初始效應（意指人們會永遠記住第一印象）一起討論。

③至於哪一種效應的影響較為強烈，則視對方或陳述方式而定。

★若想發揮時近效應，最好提供對方兩種資訊。

➡ 請見 170 頁！

心理學檔案 ㉙ ➡ 高潮敘事法

這種敘事方式是將說明擺前，結論擺後。若一開始先講結論，則稱為「反高潮敘事法」。

①當對方一開始就很感興趣時，使用最後才講出結論的高潮敘事法較為有效。

②在商業場合中，對方未必會從一開始便感興趣，因此一般會使用反高潮敘事法。

高潮敘事法	反高潮敘事法
目前狀況為○○，只要××就能提升效果，得到▲▲結果。	我認為會得到▲▲結果。因為目前狀況為○○，所以必須採取××做法。

➡ 請見 172 頁！

哪一種技巧比較重要呢？
不能一概而論，但在商業場合中採取反高潮敘事法效果較好。
因為對方未必會對內容很感興趣，將妳的話一直聽到最後。
不過，對方又會因為時近效應而用最後的資訊下判斷…
原來如此！
沒錯，
所以高潮敘事法也很重要。
結論
最好的方式是把結論放在一開始和最後，一共講兩次結論。
結論

總覺得好像抓到一點簡報的頭緒了。
今天也非常感謝你的指導！
不客氣。
今天打擾學姊諮詢真是不好意思。
我一點也不介意。
秀智
可以和我交換聯絡方式嗎？
好啊。
話說回來，Yuu竟然會變成傳聞對象…
講師在課堂上很有名喔！

大家都說講師雖然看起來在發呆，但總是能抓到關鍵點，適時指導學生，而且仔細看其實很帥。
我好像能明白這種感覺。
……
既然胡桃學姊這麼說，那我來追講師好了！
咦!?
嘿—！
不行啦，不要讓Yuu為難。
會不會為難不是學姊說得算的～

我本來還以為講師和妳的氣氛很好呢！
妳太大聲了！
快點——
回公司要遲到了喔——
她的精神真好……
等等我！
我和Yuu之間看起來氣氛很好嗎？
啊～真是嚇一跳……
暢快運動用品店總部

會議室

如上所述…

中年族群的需求往後會更加蓬勃發展，我希望能進一步抓住這片市場。

托Yuu的福，簡報進行得很順利…

我明白了。

既然是限期的宣傳活動，我們可以考慮一下特設專區的事情。

這一天，是我出社會後，踏出了一小步的日子。

東京上空，是許久不見、沁人心脾的廣闊藍天。

心理學檔案 26

心理也需要預防針

關鍵字 ▼ 免疫理論

許多人會為了預防流感而接種流感疫苗，施打疫苗身體產生抗體後，就不會得到流感。但其實不只身體如此，就連心理也具有一樣的機制。

當自己相信的事物遇到不太強烈的反對意見時，人們為了反駁，會傾向用更強烈的方式主張己意。而當成功反駁後，這個人會更加深信該事物，內心不再因任何反駁而動搖。

這種情況和打預防針產生抗體，便不會生病的原理非常相似，心理學將這種現象稱為「**免疫理論**」（inoculation theory）。

如何堅持自我信念？

越是認為理所當然的意見或想法，遇到反駁時承受力越低。提出免疫理論的心理學家麥奎爾認為，心理也和身體一樣，能藉由施打預防針而製造抗體。

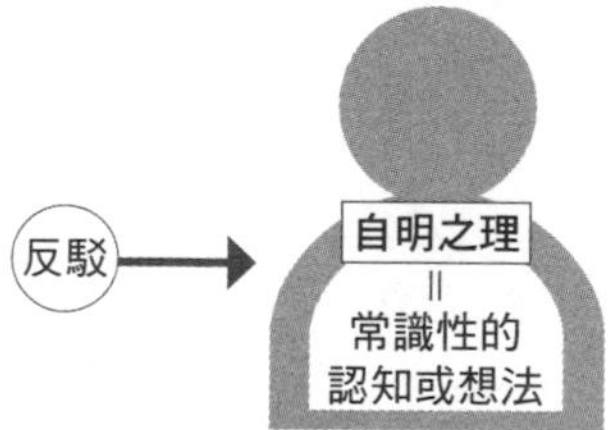

對於如常理般的想法或認知，亦即「自明之理」，事先讓人們聽到較弱的反對意見，並讓人們成功反駁這套說法。

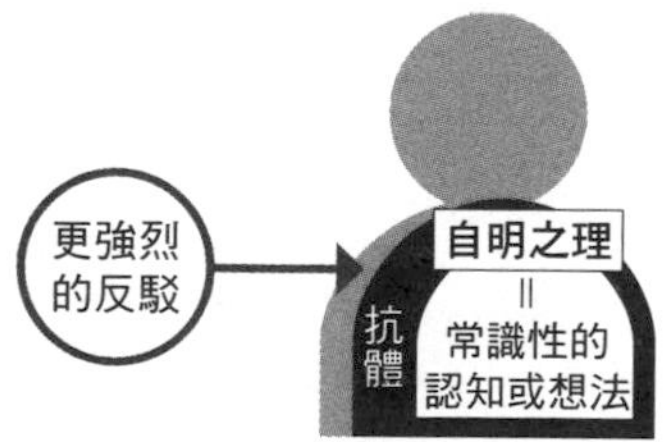

這麼一來，人們的內心就產生了抗體，能抵抗更強烈的反駁意見，拼命守護自己所相信的「自明之理」。這套理論對於「想在商業簡報或面試等交涉始終堅持自己的主張」，有很大幫助。

心理抗拒

當面對他人說服時，不但不想改變自己的想法，反而還會大幅提升抗拒感，這種心理作用便稱為「心理抗拒」（psychological reactance）。人們在被說服時，會覺得自由受限，於是便會反其道而行以感受自由。比方說，當他人對自己說「不准○○」，反而會更想去做；當他人說「給我去○○」，自己則會想去做別的事。若採取高壓方式命令對方，並無法順利獲得想要的結果。

心理學檔案 27

關鍵字 ▼以退為進策略

提出稍微不合理的要求

若要讓工作順利進行，有時必須要求屬下或客戶接受稍微不合理的日程或業績標準。在這個情況下，使用「**以退為進策略**」（door-in-the-face technique）就能有效讓對方接受自己的請求。

這套技巧是藉由一開始先提出不切實際的重大要求，等到對方拒絕之後，再提出一個讓步方案。比方說，當你想讓屬下在一週內整理好簡報文件時，一開始先故意拜託對方：「請你後天完成。」等到對方說：「這是不可能的！」再妥協地說：「那一個星期如何？」

雖然一個星期還是有點吃緊，但由於對方會不自覺地和一開始提出的條件相比，於是就會感覺「這樣好多了」。此外，當事者往往還會基於**回報性原理**，覺得：「對方都已經讓步了，我也應該盡力才對。」

在這樣的情況下，如果能稍微演一點戲，向對方表現出自己「為了符合對方期望，有多麼努力尋找折衷方案，最後才終於得出這個結果」，這麼一來便能得到更好的效果。

心理技巧

日常生活中的實際運用

商談

開價預留空間

若你的目標是銷售產品或服務，這是十分有效的技巧。不過，假如你向客人提出超乎常理的金額，對方可能會認為你在耍他而發怒。一開始先提偏高但仍在水準內的價位，再讓對方感覺你給他特別的折扣。

戀愛

最後的請求要收斂一點

假如你想和對方約會交往，或許乾脆從一開始就向對方求婚會更有效。不用說，對方會以「我們還不太了解對方」為由拒絕。這個時候，你再問對方：「那我們一起去吃個飯，了解一下彼此吧。」如果最後的要求較為實際且收斂，那麼一開始提出一個過於誇張的要還有一個方法也能巧妙讓對方接受自己的請求，那就是「告知對方理由」。這個方法在心理學稱為「**自動化**」（automaticity），實驗證明即使人們被告知的理由不太合理甚至幾乎沒有意義，但光是向對方表達「我這麼做是基於一些理由」，就會更容易讓對方答應。

比方說，向對方說「這個案子必須馬上處理，請你立刻執行」會比「請你馬上處理這個案子」來得更有效。

求，反而會讓對方更容易接受你後來的要求。

自己

設立高難度目標

對自己也能運用以退為進策略。比方說，先訂下「今天要把廚房刷得發亮！」的目標。但一想到這得花上許多時間，就幹勁全失。這時只要轉念想：「至少洗完流理台裡的碗吧！」就能提振原本懶散的心緒。

席爾迪尼的實驗

美國心理學家席爾迪尼於 1975 年發表的論文提出了以退為進策略，他所做的實驗非常單純。

當人們一開始就提出第二項要求時，只有 17% 的學生會答應，但如果先提出前項過分的要求，等到對方拒絕後再提出後項要求，學生答應的機率就提高到 50%。

心理學檔案 **28**

關鍵字 ▼時近效應

最後一刻也很重要！

在討論**初始效應**（↓30頁）時，已稍微提過「**時近效應**」。初始效應是指第一印象會對往後帶來強烈影響，而時近效應則是指最後的印象會強烈影響他人的判斷。若想要帶給對方好感，臨走及道別時的態度也極為重要。

比方說，對方在約會結束後的表情是非常滿足，還是難過地依依不捨，或是一副百般無聊的模樣，會大幅改變你對對方的印象，甚至大幅扭轉你對當天約會的印象。

在商業場合上，談完生意後向對方說：「今天承蒙您多加協助，非常感謝！」並深深一鞠躬再行離去，和說：「承蒙您的協助，我先走了。」便不看對方一眼自顧自地離去，兩者給人的印象大相徑庭。

相反地，如果希望道別前的談話內容（尤其是道歉）令對方印象深刻，有時候快速離開，反而會比拖泥帶水地繼續待在現場，有更好效果。因為這麼做更能強調離開之前的印象，而非離開當下的印象。

第五章的**雙面俱陳**（↓140

日常生活中的實際運用

工作 **陳述兩次結論**

一開始先陳述結論，營造初始效應。但假如之後說明了冗長數據，便會大幅降低一開始給人的震撼感。因此最後收尾時，再陳述一次美妙的成功願景，以期得到加乘效果。這會讓你的提案聽起來更吸引人。

演講 **最想說的事情放在最後**

在婚禮或典禮致詞時，演說結尾會比精彩的開場白更加令人印象深刻。即使已講了開場祝賀詞，最後還是要再祝賀一次。若是陳述自己的抱負，也一定要在最後再說一次。

頁）也曾提及類似觀念，在說明商品時先說優點，再說缺點，有時會讓對方對缺點的印象比較深刻。先說缺點，再說優點，對方更有可能會留下良好的印象。

比方說，「這台車坐起來很舒服，但是油耗較高」和「老實說，這台車的油耗較高，但是坐起來實在很舒服」，兩者便給人截然不同的感受。

開會

最後再次提出主張

開會是最佳運用時近效應的時機。假如你在最後發言，大家就必須在尚在思索你的發言時就做出會議結論，即使大家更晚才做出結論，你也會留下「沒有人能反駁你的發言」的印象。因此，如果會議有時間限制，一定要在最後找個適當時機提出自己的主張。

安德森的實驗

時近效應是指最後的印象會特別強烈，初始效應則是指最初的印象會特別強烈。一般來說，學界普遍認為初始效應的效果較強，但美國心理學家安德森（Norman H. Anderson）的實驗，卻為此觀念投下了一顆震撼彈。

安德森以某訴訟案為範本，舉辦了一場模擬法庭。

實驗人員按照以下的順序，讓扮演陪審員的受試者聆聽 A 方與 B 方的證詞。

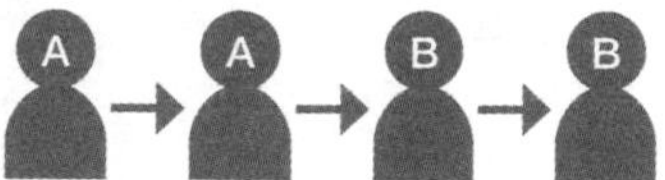

先讓陪審員連續聆聽兩次 A 的證詞，再連續聆聽兩次 B 的證詞，最後陪審員所做的判決有利於 B。

接下來，更換前後順序，並增加更多證詞。

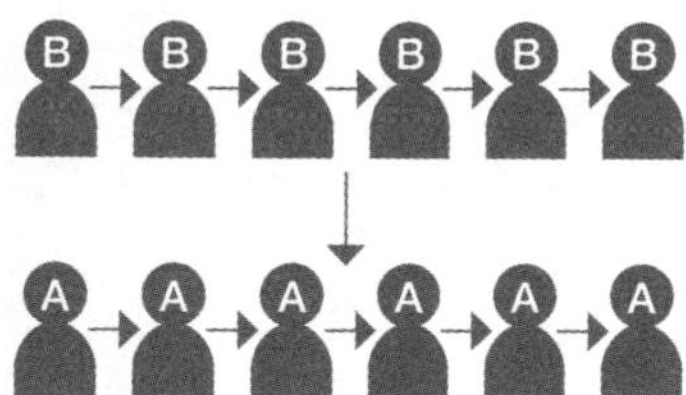

讓陪審員聆聽六次 B 的證詞，再聆聽 A 的證詞，結果這次陪審員做出了有利於 A 的判決。

這項實驗指出，當需要思考的資訊較多時，判斷者會被「剛聽到的資訊」強烈影響。

心理學檔案 29

關鍵字 ▼ 高潮敘事法／反高潮敘事法

兩種敘事方式

陳述或說服的方式大略可分成兩種。「**高潮敘事法**」（climax）會先說明內容再提出結論，「**反高潮敘事法**」（anticlimax）則會先提出結論再說明內容。

高潮敘事法是先陳述狀況或數據，最後再提出由此得出的結論。實際的陳述形式為：「關於○○事情會有△△情況，而我認為採取××方法較為適當……」當對方對該話題很感興趣時，這種敘事方式將具有很強的說服力，但反之則可能會讓對方感到厭倦，無法聆聽到最後。特別是當陳述內容過於冗長，始終講不到結論時，對方往往會覺得：「所以你到底想說什麼？」

假如對方對你所說的內容不感興趣，或是你並不確定對方是否有興趣時，使用反高潮敘事法（一開始先告訴對方結論，接著再說明理由）較能有效引起對方的興趣。反高潮敘事法的陳述形式為：「關於○○事情最好採取××方法，因為△△……」

若是採取反高潮敘事法，則有可能在陳述結論之後，便頓時

心理技巧

日常生活中的實際運用

若能根據狀況或對象，決定該採取的敘事方式，就能得到良好效果。

銷售

根據客人情況而定

對於正在猶豫是否購買的客人，適合使用反高潮敘事法。若用高潮敘事法，客人可能會說「我再考慮一下」便走了。相反地，假如客人對產品有很大的興趣，只差臨門一腳，則較適合使用高潮敘事法。

廣告

根據媒體種類而定

廣告必須瞬間表現出產品的魅力。以減肥產品而言，必須直接讓觀眾得知產品效果，諸如「一週就瘦了○公斤！」「抑制脂肪吸收！」等。不過，在有時間性

兩種陳述法的使用時機

高潮敘事法是將結論放到最後，反高潮敘事法則是一開始就說出結論。這兩套敘事法是由心理學家斯彭伯（Harold Sponberg）提出，他認為應該根據對方感興趣的程度，選擇適合的敘事法。

對於不感興趣的對象 →反高潮敘事法	對於感興趣的對象 →高潮敘事法
一開始就必須告訴對方結論或令對方震撼的資訊，引起對方的興趣。在商業場合中，人們大多對銷售者所說的內容不太感興趣，因此多採取這套敘事法。	如果對方是熟識的人或對你的話題很感興趣，那麼使用高潮敘事法會得到更好的效果。小說或落語主要都是使用這種陳述方式。一般來說，女性較喜歡這種敘事法。

吸引對方的注意。就算談話突然在中途結束，你想說的核心重點也已經在一開始提過，因此在商業場合上，比較適合反高潮敘事法。

我們必須根據談話對象，選擇合適的敘事法。一般來說，經常採取高潮敘事法的人，也較喜歡別人用高潮敘事法，而習慣反高潮敘事法的人，則偏好他人使用反高潮敘事法。若要順利協商，就需要仔細觀察對方及周遭狀況，判斷適合的陳述方式。

手腕高明的業務員往往會巧妙結合高潮敘事法與反高潮敘事法。

比方說，頂尖業務員往往會先告訴對方結論，接著再加一句

的電視廣告中，採用最後才提到吸睛重點的高潮敘事法，效果更好。

交友 配合對方喜歡的說話方式

當你想和朋友聊聊自己的趣事，可根據對方的說話習慣決定敘事方式。對於習慣高潮敘事法的人就循序漸進地陳述，對於習慣反高潮敘事法的人則以反高潮敘事法陳述，這樣做更能讓對方聽得津津有味。

戀愛 根據性別而定

一般來說，男性喜歡反高潮敘事法，女性則喜歡高潮敘事法。當交談對象為男性時，假如不快點告知重點，就有可能被催促：「所以你到底想說什麼？」當交談對象為女性時，只要一步步說出事情原委，最後再說出結論或重點，就會讓對方聽得很愉快。

「但是這會有一個問題……」之後便開始陳述問題的解決方法，最後再提一次結論，以讓對方贊同。

近階使用技巧

能言善道的人能巧妙地運用兩種敘事法，並結合兩者，進一步勾起對方的興趣。

先講結論

「只要一個月你就能○○。」

一開始先講出令人震撼的結論，吸引對方的注意。

再以解謎般的說法

「要達到這個結果，唯有一件事必須遵守。」

接著講出補充性的內容，進一步引起對方的興趣。

說明

「原因在於……」

說明原因。

再講一次結論

「所以，只要遵守△△，一個月就能○○了。」

最後再講一次補充性內容及結論，就能一併獲得高潮敘事法的效果。

面試

根據公司狀況而定

求職者總會希望面試官能深入了解自己，因此適合使用高潮敘事法。但假如面試大公司，面試官通常一天需要面試無數人，當你面試時間在下午稍晚時，面試官心裡可能已有些厭倦。如果你已預想會發生類似情況，那就必須使用反高潮敘事法，先陳述結論，展露自己優點。

婚喪喜慶

使用高潮敘事法較佳

在婚喪喜慶這種注重形式的場合致詞或演說時，使用漸進式陳述的高潮敘事法，效果較好。故意特立獨行使用反高潮敘事法，在一開始就高昂激動，反而會破壞參加者興致，這一點需要特別注意。

第7章 男女關係心理學

間宮主任，早安！

喔，早安。
對暢快運動用品店提出的簡報非常成功，讓我第一次在工作上感受到了成就感，但是…

關於諮詢會，由於最近開始期中考，Yuu變忙了，再來也快要暑假，大學暫時不用上課，而妳原本消沉的感覺也已一掃而空，可以積極面對工作，我們只要再辦一次就好了。若妳之後需要找人商量，儘管找我商量吧！保重身體。

…小松川，
我是袴田。

「關於諮詢會，我們只要再辦一次就好了。」
怎麼會這麼突然……
小松川。
嚇！
小松川！妳現在要吃午餐嗎？
黑田。

我們第一次一起吃午餐耶。

突然邀我吃午餐，嚇了我一跳。
我、
我有話想跟妳說…

？
啊！
那個…
妳今天好像很消沉，我在想妳是不是發生了什麼事…

沒問題的，謝謝你為我擔心。

你是因為這樣才約我吃飯的嗎？

……

推！

妳能跟我交往嗎？
妳，
和我…
咦—

剛剛那是告白!?
我該馬上回答他嗎？

呃…
那個…
語無倫次

手足無措
碰！

不行！
我現在根本就沒辦法思考這種事。
那個，
我突然想到還有事…
對不起！

一共是790圓。

那怎麼看都是告白吧…

唔…

不行啦！

唔…

我不能總是依賴Yuu。

不過，我從來沒被告白過，到底該怎麼辦才好…

唔～～

我身邊也沒有能馬上見到面，又可以商量戀愛煩惱的朋友…

！

坐起！

我非常樂意幫妳解決戀愛煩惱喔！

那真是太好了。

可是，學妹其實是想和那個老師商量吧？

嗯…但是…

我不知道他的聯絡方式…

只知道他的診所…

那就一鼓作氣殺到診所吧！

明天妳下班後，我們在老師診所的那個車站會合！

內心在下雨

咦!?

喀！

嘟—嘟—

……

cafe zippii!
奧圖亞模型車
心理診所
dezlyn Siamese
拉麵　糸川
Yuu醫師八點結束看診，如果妳們方便的話，到那個時候可以幫妳們諮詢。
請在沙發這邊坐一下。

這裡就是Yuu的工作場所……
久等了。
在這裡不太方便，我們找間店坐坐吧。
好！
好成熟啊！
我第一次來這種地方！
BAR
Takaichi

我跟平常一樣。
好的，沒問題。
咻~（口哨聲）
咚！
哇！
巧克力球
咕嚕！
咕嚕！
咕嚕！
烤八橋
這個是Yuu先生設計的聖代。
耶——！
一桿進洞！
砰咚！
咻！
抵達終點
梅子薄片
……

那麼，
妳來找我是因為袴田教授的那封簡訊嗎？
胡桃學姊是為了商量更酸酸甜甜的事情的！
手忙腳亂
酸酸甜甜？
我覺得袴田教授的話非常有道理。

那個……
我要說的是黑田，我曾和你商量過與他相處的事情……
我在想他是不是在開玩笑……
喔！是那個你處不來的同梯吧？
我也不知道他為什麼會喜歡我……

心理學檔案 30 一見鍾情原理

根據美國調查，若和一見鍾情的對象結婚，離婚率特別低。

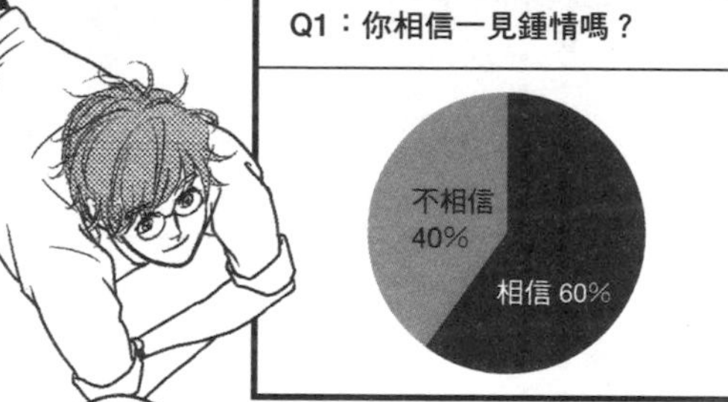

美國的平均離婚率是五〇%，因此這個數字算是相當低。

➡ 請見 195 頁！

就我所知，妳第一次見到黑田時，並沒有心跳加速。
所以妳並沒有一見鍾情。
你說的沒錯。
那麼，下一步就是要了解黑田的心理，我來告訴妳幾個理論吧。

心理學檔案 31 ➡ 博薩德法則

心理學家博薩德以訂有婚約的 5,000 人為研究對象，研究結果指出，物理距離越近，心理距離也會縮短。

①參與調查的 5,000 人當中，有 33％與對方住處距離 5 個街區內（走路就能到的距離）。

②距離越遠，結婚機率就越低。

③物理距離近，前往對方住處所耗費的時間與交通費也較低，雙方能更容易維繫感情。

兩個人的辦公桌隔得很遠，平時也沒有什麼交集…
因為開會而縮短距離，變得更加親近。
應該是因為新進員工歡迎會需要討論事情，所以發揮了「**博薩德法則**」。

➡ 請見 196 頁！

啊！這應該也發揮了「**單純曝光效應**」（↓55頁）吧？
確實也有這個因素。

物理距離縮短，心理上也會更親密。這一點我可是很了解的～
遠距離戀愛真的太難了。
除此之外，我還想到了好幾項理論…
但妳知道黑田的態度是什麼時候開始改變的嗎？
嗯…
我們要不要重新分配一下，各自的負責項目？
我還沒讓他建立好說YES的心理狀態，就不小心一直拜託他了。
他已經產生敵意了…
那次我找你商量後，過幾天和他開會時曾經讓他不高興…
我應該教過妳「**指責技巧**」（→116頁）。
是的。
不過我並沒有真的指責他，而是以尊重的態度，跟他說他誤會了我的意思。
遇到這種情況時…
那個…
你會不會覺得我把麻煩的工作都推給你呢？
咦…
呃…也不是這樣…
不只要指出問題，提出自己的主張，還要一併認錯道歉。
我以自己覺得公平的方式來分配工作。
如果讓你不高興了，那真的很對不起。
那時我特別留意要「立刻」、「避免在眾人面前」、「簡短」指責。
後來彼此的關係就有改善，本來我還鬆了一口氣的…

心理學檔案 ㉜ **戀愛的互補性理論**

美國社會學家溫奇調查那些在學生時期結婚的人，發現他們的伴侶大多擁有對方欠缺的特質，於是提出了戀愛的「互補說」。

①在這之前，學術界以「相似說」為主流，認為人們容易和價值觀或特質相近的人交往。

②溫奇對「相似說」提出有力質疑，主張互補性越高的情侶越能被對方深深吸引而建立起持久的感情關係。

以個性完全不同的情侶為例

人們經常會被與自己特質互補的人深深吸引。

明天約會要看電影、吃美食…

她的個性開朗活潑，在一起永遠不會膩。

看不懂，還是算了。

我想弄清楚，查一下資料好了。

他的個性認真，又很有求知欲。

➡ 請見 198 頁！

他總是忍不住講些過分的話，但平時他都一直努力壓抑著這樣的自己。

妳卻能用他不會的方式表達自己的想法，讓他覺得十分美好，於是就被妳吸引了。

這樣啊。

原來他不是在捉弄我，也不是在開玩笑，是真的喜歡我⋯⋯

假如妳還沒辦法下定決心，讓我告訴妳——**保羅・威森的實驗**，幫妳占卜一下吧。

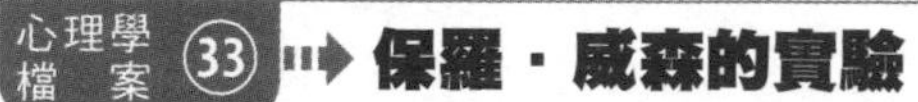

心理學檔案 33 保羅・威森的實驗

澳洲國立大學的保羅・威森教授向好幾組學生介紹同一個人，每次介紹時都掛不一樣的頭銜。

頭銜	受試者	人物的印象分數
學生		印象分數很低，估計的身高也比實際身高矮。
實驗助理		估算的印象分數和身高都比較高。
教授		估算的印象分數和身高是所有頭銜中最高的。

人會根據對方頭銜而改變對一個人的印象分數與身高感受。
反過來說，只要對比你對那個人的身高印象與他的實際身高，就能明白你是否敬畏或尊敬對方。

➡請見 200 頁！

在妳眼中黑田看起來高嗎？
學姊，妳喜歡令妳尊敬的人對吧！

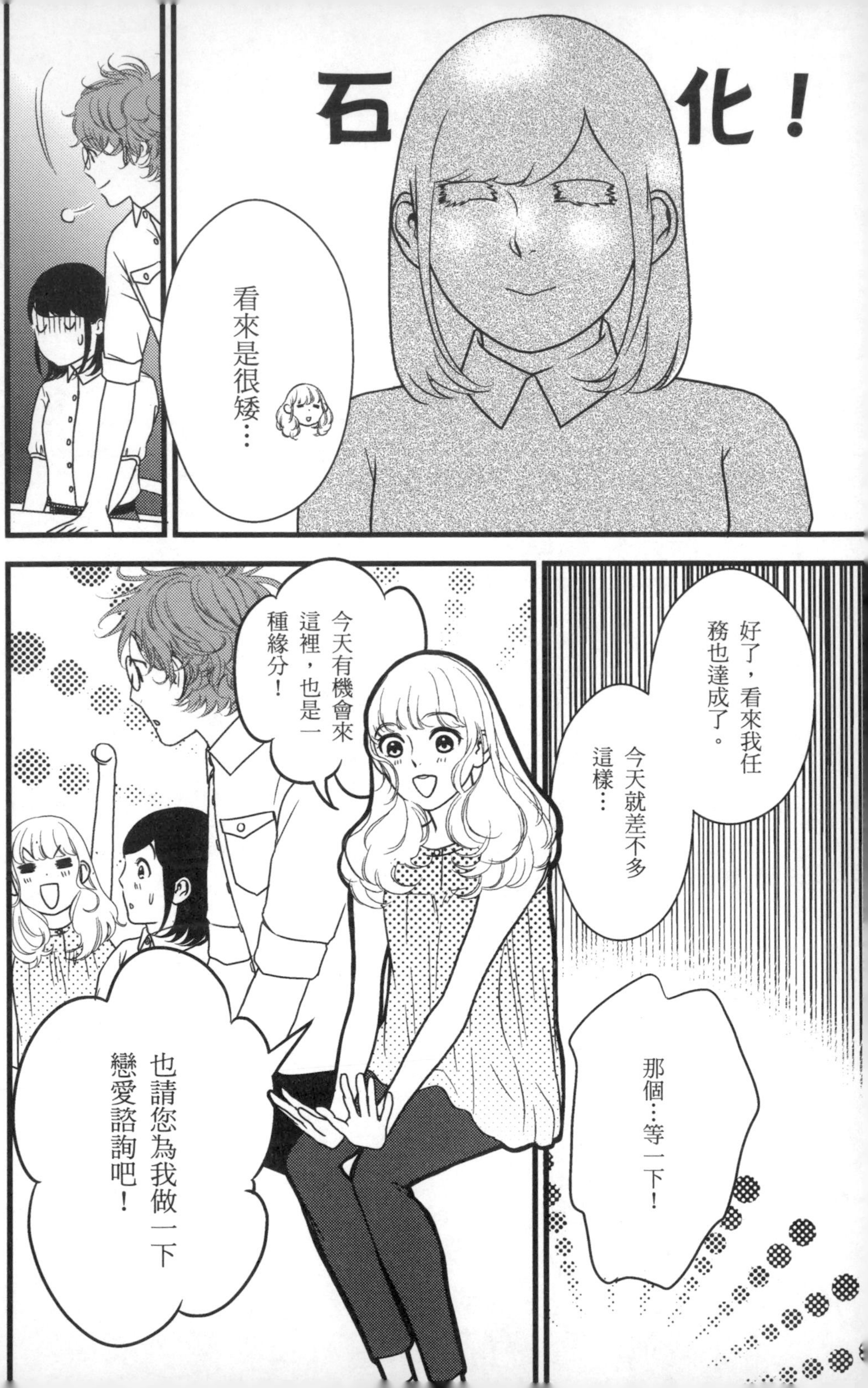

石化！

看來是很矮…

好了，看來我任務也達成了。

今天就差不多這樣…

今天有機會來這裡，也是一種緣分！

那個…等一下！

也請您為我做一下戀愛諮詢吧！

心理學檔案 30

關鍵字 一見鍾情原理

一見鍾情是理想的戀愛模式？

一見鍾情給人的印象往往是戲劇化、不太可能會發生的事情，但令人意外的是，其實一見鍾情並不罕見。此外，一般人也往往覺得一見鍾情的情侶只要進一步了解彼此就會幻滅，但事實上並非如此。

根據美國所做的調查發現，那些與一見鍾情對象結婚的人，離婚率極低。美國的離婚率高達五〇％，但一見鍾情的夫妻離婚率卻只有二四％。

打從第一眼就墜入愛河，之後也如願結婚，長久陪伴在彼此身邊——一見鍾情式戀愛與婚姻，就某種層面而言可說非常理想。

一見鍾情的研究

一見鍾情是指在第一次見面的瞬間就喜歡上對方，許多學者紛紛對這種現象進行研究。

一見鍾情需要多久？

美國心理學家約翰・馬納（John Mana）的實驗顯示，人大約用 0.5 秒判斷對一件事物的好惡。其他實驗則顯示，男性遇到外表符合喜好的女性時，會持續盯著對方 8.2 秒。

男女差異

男性主要依據視覺判斷，因此容易一見鍾情。此外，學歷越高的人越不習慣與異性相處，因此也較容易一見鍾情。女性往往要實際見面，並在無意識間確定對方和自己合得來，才會墜入愛河。

一見鍾情時大腦的運作情況？

當人墜入愛河時，大腦會分泌大量苯乙胺（PEA）。這種荷爾蒙會讓內心陷入麻痺狀態，沒辦法思考其他事物。PEA 會進一步促使多巴胺分泌，使人亢奮。

心理學用語 Check!

一見鍾情假說

為什麼會有一見鍾情呢？以下介紹幾種頗具代表性的假說。第一種假說主張，是因為看到對方某項理想特質時產生了錯覺，以為對方就是最佳理想型。第二種假說主張，是因為對方五官和自己相像，而瞬間產生親切感。第三種假說則是採取生物學觀點，這種情況經常發生在女性身上，女性為了留下有基因優勢的後代，會想要和擁有不同基因的異性交配，於是就會被特徵與自己不同的對象吸引。

心理學檔案 **31**

關鍵字 ▼博薩德法則

近水樓台先得月

在第二章我們已經明白了**單純曝光效應**（→55頁），但不只有見面次數會影響人們的好感度，物理距離也會產生很大的影響。

一九三二年，美國心理學家博薩德（J. H. S. Bossard）以五千對已訂婚情侶為研究對象，發現幾乎所有情侶都住得相當近，能步行抵達彼此住處。此項研究結論被稱為「**博薩德法則**」（Bossard's law），指出情侶住得越近，結婚機率就越高。

假如彼此住得很近，要見面就非常容易，一旦物理距離相近，也更容易拉近心理距離。因此，或許直接搬到意中人住處附近也是好方法，只不過要小心避免被當成跟蹤狂。

反過來說，這也是遠距離戀愛困難的原因。當雙方相隔遙遠、很難見到面，內心的距離也會越來越遠，而容易分手。我們有時會聽到情侶因男方被公司外派而變成了遠距離戀愛，後來男方在外地又有了新歡……俗諺：「一鳥在握勝過眾鳥在林。」還真是點出了現實。

日常生活中的實際運用

博薩德法則是你思考能否接受遠距離戀愛的重要考量點。在戀愛的不同階段，都能運用這套法則，考慮雙方的物理距離。

① 交往前

假如你暗戀對象的住所遙遠，或許你應該在追求前，就先設想交往後的狀況。即使對方願意經常見面，卻仍可能無法避免遠距離戀愛所帶來的問題。請你冷靜思考是否能接受這種狀況。

② 交往後

當交往後其中一方需要搬到較遠的地方時，雙方就必須經常通訊或講電話，盡可能縮短彼此的心理距離。既然見面機然而，博薩德法則中的物理距離不只限於「住處距離」。漫畫中胡桃與黑田因為共同策劃活動而拉近彼此距離，在現實中，也有雙方因為辦公室座位相鄰，互生親切感，而發展出戀情。

因此，多多接近心儀對象可說是非常有效的方法。只要對方並未討厭你或極度排斥你，就很有可能會對你產生親切感。

會已經很少，那麼就得對於彼此的心理距離更敏銳，這也是愛情長跑的祕訣。

關係深入的親密伴侶

當你和遠距離戀愛的對象已親密到考慮結婚，反而更難維持遠距離狀態。倘若雙方無法訂下結婚期限，規劃出明確未來，就會造成彼此的壓力。

物理距離反應內心距離

美國心理學家博薩德對 5,000 對已訂婚情侶進行調查。研究雙方住處距離遠近，以及最後是否順利結婚，來了解物理距離如何影響心理距離。

博薩德的調查

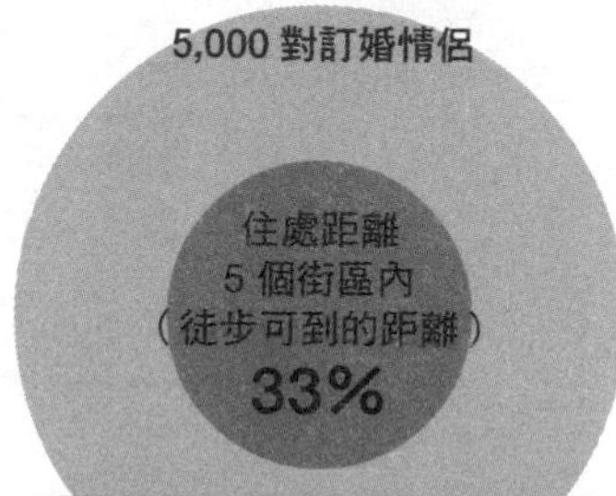

即使距離 5 個街區以上，也是搭車數站便可抵達的距離

在 5,000 對情侶中，有 33％的情侶住在步行可到的距離，其中 12％是同居狀態。

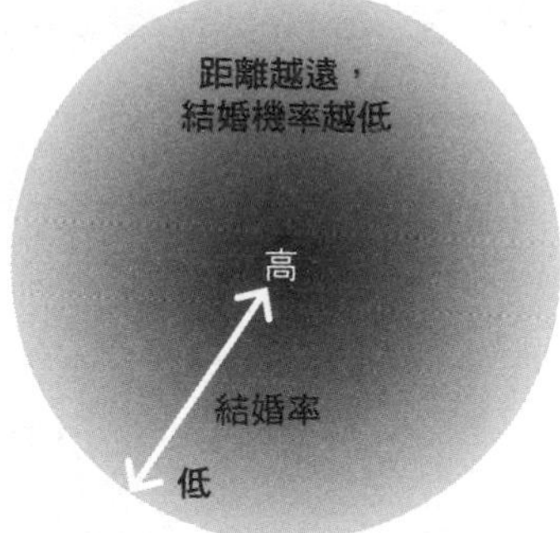

此外，距離相隔越遠的情侶最後結婚機率越小。想見面時無法自由見面，有通勤時間與交通費用等障礙，阻礙雙方培養愛意。

心理學檔案

32

天衣無縫的組合

關鍵字 ▼戀愛的互補性理論

人會傾向選擇身材、外貌與自己相似的人為伴侶，這種現象稱為「**戀愛的相似性理論**」。

相反地，人往往也會被那些擁有與自己不同特質的人深深吸引，這種現象則稱為「**戀愛的互補性理論**」。

美國社會學家R．F．溫奇（Robert F. Winch）以二十五組於學生時期結婚的夫妻為研究對象，發現其中有許多人的伴侶都擁有自己欠缺的特質，於是溫奇便提出了戀愛的互補性理論。

在這之前，學界一直以「相似說」為主流，認為人傾向與價值觀相同的對象交往，但溫奇認為當雙方具備「互補性」，彼此擁有對方所缺乏的特質時，更能互相吸引，關係也能更長久。

說起來，這種情況和相聲的裝傻與吐槽角色十分相似。要是一對組合中兩個人都在裝傻或是都在吐槽，那麼相聲就無法成立（雖說偶爾也可以成立）。然而，不只戀愛適用「因為雙方擁有完全不同的特質，所以處得更好」，其實在各種領域都可以適用。舉例來說，棒球在練習投球

心理技巧

日常生活中的實際運用

在戀愛中，你可以有意識地運用互補性與相似性技巧。

① 交往前

當雙方尚未交往時，找出彼此的相似性是有效提升親密度的方法。用彼此的共同點（例如：來自相同縣市、學生時期參加同樣的社團等）創造聊天的話題。

另一方面，也可以從一開始就積極展現出自己與對方的互補性。假如對方在戀愛上是主動的「肉食系」，那麼自己就扮演「草食系」，反過來說，假如對方是「草食系」的話，就主動向對方展現好感，便有機會進一步發展。

時，就需要投手與捕手才能湊成一組，當雙方性質完全不同的時候，反而能巧妙互補，建構出更完整的關係。

漫畫裡的黑田知道自己總是會不自覺說出過分的話，而他在個性完全不同的胡桃身上，感受到自己沒有的優點，於是便產生了愛慕之情。就某種意義而言，這可說是典型的互補性案例，但看來胡桃並未從黑田身上感受到足以令她產生愛慕之情的魅力。男女之間真的很複雜呢……

交往後

想要長久維持親密關係，若只是仰仗彼此的相似性可能會面臨危機。雖然當雙方個性或興趣一致時，很容易建立起穩定關係，但也很容易就陷入一成不變的模式，加上雙方不能退讓的事物也一樣，因此很容易引發爭執。想要進一步加深彼此的關係，就必須不斷摸索自己適合扮演的角色，或是對方希望自己扮演的角色。

相似說與互補說

人會比較容易被與自己相似的對象吸引，還是比較容易喜歡與自己不同的對象？其實兩種說法都沒有錯，各有優點。

相似說＝相似的人會彼此吸引

擁有相同興趣嗜好的人更容易變得親密。不過，長期交往後容易陷入一成不變的模式，或是因為彼此不能退讓的事物也一樣，而吵架分手。

互補說＝以各自的優點補足對方

雙方若要長久交往，彼此個性最好能互補。或是在交往過程中逐步建立起互補關係，才能使愛情長跑。

心理學檔案

33 頭銜的重要性

關鍵字 ▼ 保羅・威森的實驗

當人們在工作上與他人初次見面時，如果得知對方是大企業高層，任何人都會對他抱有敬意。相反地，如果得知對方是一名基層職員，則多少會在無意間看輕對方。一個人的頭銜正是如此強烈影響人們的觀感。即使是同樣一個人，當頭銜不同時，給他人的觀感也完全不同，有一個實驗就是在探討這個現象。

澳洲國立大學教授保羅・威森（Paul Wilson）請了一位來賓前來大學的課堂上，並將學生區分成數組。

當他向學生介紹來賓是「劍橋大學學生」時，學生給的印象分數普遍不高，也將來賓身高估得較矮。

再來，他再把同一個人介紹為「劍橋大學的實驗助理」，學生給的印象分數與估算身高都稍微高了一點。

最後，再將同一個人介紹為「劍橋大學教授」，此時學生給的印象分數與估算身高都比前兩者還要高。

這件事聽起來有點可怕，**保羅・威森的實驗**顯示，當一個人

心理技巧

日常生活中的實際運用

人們會因為對方身分而影響對方在自己眼中的呈現模樣，我們可以反過來利用這種心理作用，來告誡自己。

避免給對手過高評價

在棒球這類對決型的運動項目中，當你面臨關鍵時刻，眼前還是戰績顯著的對手時，對方在你眼中就會看起來比實際高大。雖然有人會因為這樣更有鬥志，但也有人可能會因此意志消沉，無法發揮原有的實力。這時，請你記得轉移注意力，想一想對方的失誤或平時為人，避免給對方過高評價。

頭銜與身高的關係

澳洲國立大學的心理學家保羅．威森的實驗顯示，即使是同樣一個人，當他頭銜不同，人們對他身高的估計值也不同。頭銜越高，人們估計的身高也越高。學界認為，人們之所以會有「高位者看起來比較高大」的心理作用，其實是源自原始人類的狩獵本能。

身高
177 公分

身高
184 公分

頭銜越高，他在別人眼中就會顯得更聰明、工作能力更好，甚至連身高都看起來比實際高。

這或許也告訴我們，如果在名片寫上一些耀眼的頭銜，就能大幅影響第一次見面的人對你的印象。只要能適度強調自己的頭銜，不只能向對方推銷自己，甚至也可能操控對方對自己的印象。

在這種情況下，放上令人似懂非懂但看起來好像很高階的職位，好比「○○統籌人」、「○○創意製作人」等不明就裡的頭銜，往往能成功塑造「好像很厲害」的形象。

此外，正如漫畫中所提到的，我們可以根據對方在我們心

日常① 當對方在你眼中特別矮小時

當你在工作或交友等人際交流中，察覺到你對他人的印象與事實不符，如：「咦？這個人原來沒這麼矮小？」或許就表示你瞧不起對方。如果你知道箇中原因就不必說了，但假如你不明白其中道理，就冷靜思索為什麼會不自覺看輕對方，並在實際展露出你的想法前，思考該如何正確地對待對方。

日常② 身高與自尊心的關係

根據加拿大心理學家瑞喬特的調查，身高越高的人自尊心也越高，研究推斷這是因為身高較高的人在生活上大多是低頭看別人，所以自然有較高的自尊心。假如你遇到身高比一般人高很多的人，與對方交談時或許應該預設對方有較高的自尊心。

裡的印象（例如：身高），看出對方在自己心裡處於何種位置。至少從這一點看來，黑田並不是讓胡桃感到尊敬的對象。

頭銜與身高的關係

地位高的人不只看起來比較高，研究調查指出，身形高大的人有較高機率出人頭地。比較一下美國總統候選人的身高，就能一目了然。

2008 年選舉

歐巴馬
185 公分

馬侃
175 公分

2016 年選舉

川普
188 公分

希拉蕊
174 公分

美國從 1900 年到 1980 年的 21 次總統選舉中，其中有 18 次是由身高較高的候選人當選。此外，183 公分以上的人占美國總人口的 15％，但卻占了歷屆總統的 42％，而企業高層中，有 58％的人身高在 183 公分以上。研究顯示身高較高的人會讓人們感覺值得依賴且看起來比較優秀，因此特別受人歡迎。

體質心理學

體質心理學（constitutional psychology）研究人類的身體型態與功能，探討人們體質傾向與個性（包括資質與性格等方面）的關係，以及是否容易罹患特定生理疾病與精神疾病。其中最有名的要屬克雷奇默（Ernst Kretschmer）所提出的學說，他於 1920 年代進行廣泛的調查，將人們分為「纖瘦型」、「肥胖型」及「運動型」等三大類。

第8章
WANTED
BANG!

對一個妙齡少女而言…
說戀愛是人生的一切也不為過。
唉…
BAR
Takaichi
不管是準備考試還是在找工作，戀愛順利才是最重要的…
老闆，
我要點杯喝的。
哼──！

咯！咯！咯～

咚！

請您……

聽我說啦！

拜託！

老闆，我要再來一杯雞尾酒！

在小松川商量完之後，要順便教妳也是沒問題。奧原，妳的目標是追到對方？還是和男朋友長期交往下去？

兩個都要！

哇～

我有個喜歡的人。

剛剛為什麼要看我？

對方年紀比我大，是個很有魅力的男性。

咦？

年紀比較大、很有魅力…

原來如此～

怎麼了嗎？
咻！
沒事。
不過，我並不是戀愛專家，所以只能從心理學的觀點給妳建議。
這就夠了～
咦？

我來追講師好了！

奧原…

那個時候是認真的？

小松川，妳從剛剛開始就很沉默，沒事嗎？

呃，沒事！

哈哈哈！
可能有點喝太多了。

那麼，首先就是…

妳知道肯尼斯·格根的實驗嗎？

心理學檔案 34 ➡ **黑暗效應**

美國心理學家肯尼斯·格根讓不同組別的男女分別進入明亮的空間與黑暗的空間，觀察他們的行為。

①這項實驗顯示黑暗的空間會讓男女間變得更加親密。

②黑暗帶來的不安會讓人想要找個人依靠，此外，由於黑暗的環境也能隱藏自己外表上的缺點，因此讓人感到更加輕鬆自在。

③稱為「黑暗效應」。

逐漸形成一男一女的組合，彼此距離縮短，甚至有些人出現了肢體接觸。談話內容也較為私密。

雖然談話氣氛熱烈，但都是一些無關痛癢的話題，男女之間隔著一定距離。

這項實驗是觀察男女在暗處時，交流方式的改變。

➡ 請見 225 頁！

所以說，只要把喜歡的對象拐到黑暗的地方，他就會變成我的人囉？
這句話有語病吧。
還有沒有其他更好的方法呢!?

說到維洛那，第一個就會想到它是《羅密歐與茱麗葉》的故事場景。

是啊。

有一個心理技巧就是以此命名的。

原來有這麼回事。

這個心理技巧稱為「羅密歐與茱麗葉效應」。

總覺得您頓時散發出大人的感覺。

只要形成類似共犯的關係，彼此就會像命運共同體一樣緊緊相繫。

唔…阻礙嗎～

我跟他並沒有阻礙，而且需要故意製造阻礙也太難了，請您再教我別的技巧吧！

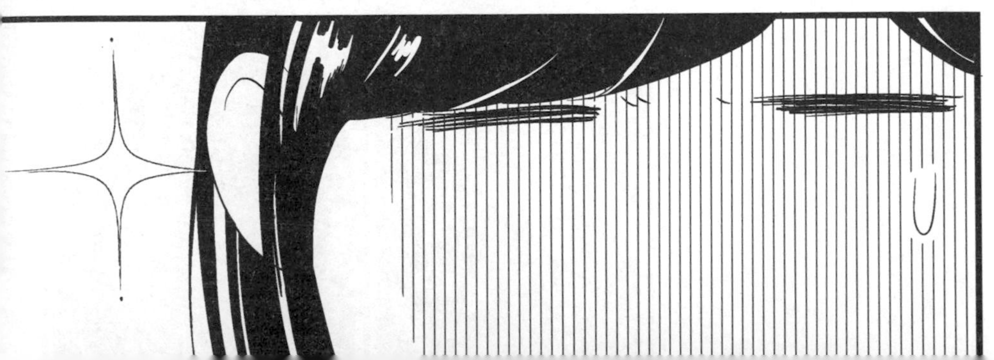

從剛才開始…

奥原就一直在運用黑暗效應…的感覺。
會不會太近了？
不對，這又跟我沒關係…

跟我沒關係。

今天…
我…
好奇怪…

有個心理技巧和羅密歐與茱麗葉效應有點類似。

叫做——「嫉妒心策略」。

嫉妒

噗！

胡桃

心理學檔案 36 ➡ **嫉妒心策略**

藉由和其他人拉近距離，或告訴喜歡的對象有他人接近自己等方式，挑起對方的嫉妒心，讓對方注意到自己。

①表現出自己的稀有性，促使對方展開行動。

②這個方法只能用在對自己有好感的對象上，否則不會有效果。

③假如明顯在說謊或做得太超過，反而可能讓對方心生厭惡。

在喜歡的對象面前，表現出和其他人感情很好的樣子。

向愛慕對象訴說有他人接近自己，讓自己很煩惱。

➡ 請見 228 頁！

嗯～
有其他人接近自己而找暗戀對象商量。

這種情況好像在哪裡聽過。
奧原！

我從來都沒有為了讓誰嫉妒才和對方商量!!
？
我知道啦。
我是要說這個情況不適用在胡桃學姊身上。

不過，或許我也能成功運用這項技巧！

倒不如說…
嗯？

說起來，
我經常和別人一起出去玩，對象不分男女。
現在回想，每當我和別人出去玩時，之前經常一起玩的人就會向我告白…
看來妳已經精通這項技巧了。
有個詞雖然不是心理學用語，但妳簡直就是「狐媚女」。
怎麼可以這樣說我！雖然我很常單戀別人，但是我才不會劈腿。
怎麼可以說我是狐狸精。
我可沒這麼說。
可是…

咚！

其實，我最大的煩惱不是讓喜歡的人注意我，而是每次交往都很快就分手了。

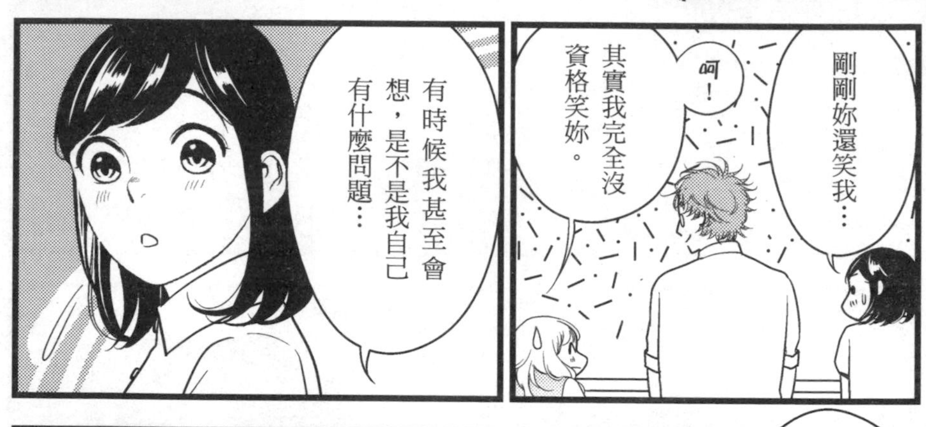

我不覺得妳有什麼問題。

妳聽過「**愛情三角理論**」嗎？

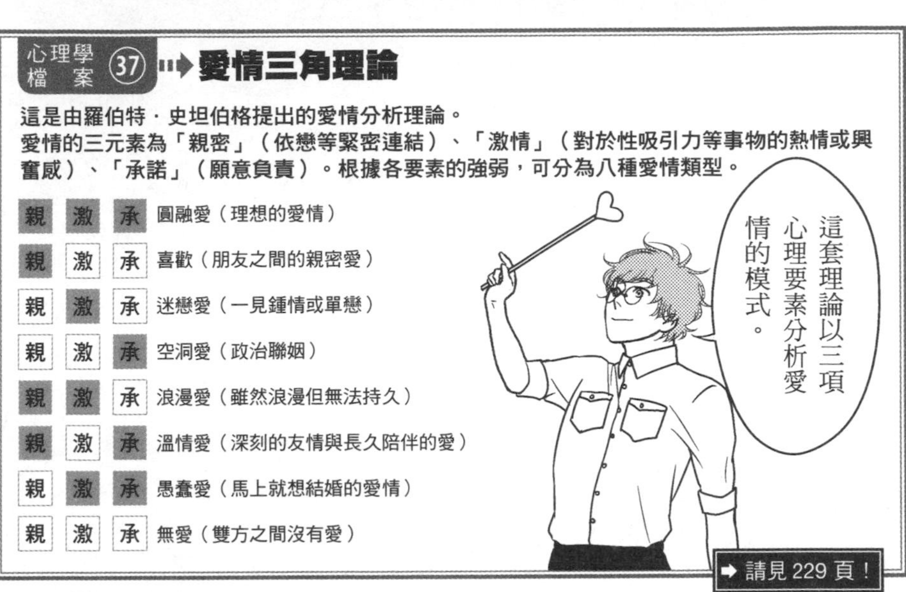

心理學檔案 37 ➡ **愛情三角理論**

這是由羅伯特．史坦伯格提出的愛情分析理論。
愛情的三元素為「親密」（依戀等緊密連結）、「激情」（對於性吸引力等事物的熱情或興奮感）、「承諾」（願意負責）。根據各要素的強弱，可分為八種愛情類型。

- 親 激 承 圓融愛（理想的愛情）
- 親 激 承 喜歡（朋友之間的親密愛）
- 親 激 承 迷戀愛（一見鍾情或單戀）
- 親 激 承 空洞愛（政治聯姻）
- 親 激 承 浪漫愛（雖然浪漫但無法持久）
- 親 激 承 溫情愛（深刻的友情與長久陪伴的愛）
- 親 激 承 愚蠢愛（馬上就想結婚的愛情）
- 親 激 承 無愛（雙方之間沒有愛）

➡ 請見 229 頁！

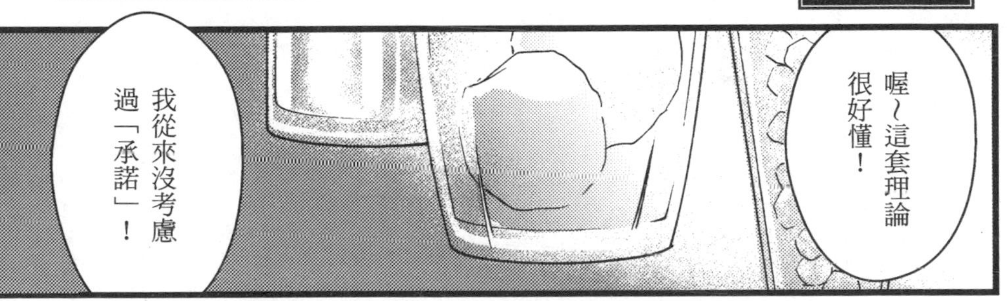

迷濛～

這裡的「承諾」，是指短期內想「認真和對方相處」，

長期則能「實現彼此訂下的計畫」。

比方像結婚這種專屬於兩個人的計畫。

兩人的未來……

結婚……

結、
結婚呀…想是會想啦。
但是實在沒什麼真實感～
不過順帶一提，當妳決定要結婚的時候，有套理論會對妳很有幫助。
它叫做——「消極閾值」。
閾值？

心理學檔案 38 ➡ **消極閾值**

心理學家約翰．高特曼與數學家詹姆斯．穆雷，共同研究了夫妻的吵架門檻——「消極閾值」。

①當閾值高時，雙方不會輕意說出內心的不滿，而是一直忍耐。

②當閾值低時，雙方會因為小事而爭執。

③消極閾值高的夫妻，離婚機率也高。而那些能長久維持婚姻的夫妻，當心裡有些不滿就會告訴對方，努力修復彼此關係。

原本大家都認為，夫妻感情要融洽需要彼此忍耐，但這套理論推翻了從前的說法。

閾值高的情侶
這餐我來付就好。
謝謝。
至少也拿出錢包意思一下吧！
只不過是個路邊攤，還想跟我賣人情咧！
麻衣大學時的男朋友，一下子就分手了。
閾值低的情侶
缺錢
偶爾也在公園約會啦！
看個電影又不會怎樣！小氣鬼！
麻衣高中時的男朋友，交往時間最長。
說起來，我交往最久的男朋友的確是那個可以輕鬆拌嘴的人…

➡ 請見 230 頁！

雖然還有很多心理技巧，但那都只能應一時之急而已。
如果想要找到真正適合的對象，對方的契合度與責任感會比外表與外在條件更重要。
再來，如果還能一起聊喜歡的事物，會對彼此的關係更有幫助。
今天非常感謝您的幫忙。
託您的福，感覺我能對那個找工作認識的男生抱持平常心了。
咦！
找工作…
找工作…

希望我的諮詢內容也能幫到學姊～

咦？

咦——！

我不是有用眼睛對妳打暗號嗎!?

我是在對妳說：「學姊妳這個遲鈍的人也要仔細聽喔！」

原來是那個意思…

而且，這些技巧還是由妳喜歡的人親自教妳的耶！

哇——！

……

我才剛察覺到這份心意，還沒考慮這麼多。

妳太遲鈍了！
…我真的有這麼好懂嗎？
一眼就看穿了～

畢竟學姊妳現在變得比大學時成熟漂亮太多了！
完全就像戀愛中的少女～

啊！
不過那個老師也沒有察覺就是了。
畢竟他平常都在發呆。

要是妳有什麼沒辦法找老師商量的事，隨時都可以聯絡我喔！

比如說要告白的時候！
cafe
小松川，抬起頭來吧。
我很矮對吧？

我因為不想被人嘲笑，所以從小就對別人散發不快的氣場。
這樣也能避免被欺負。
學生時期只要會讀書和運動，就算擺出這副姿態也不會被孤立。
但就是沒有一個女生想和我做朋友。
但妳卻不怕我，還願意正面面對我，吸引了我的注意。
所以不自覺地將目光移到妳身上⋯
黑田，謝謝你。
人總是會忍不住去看自己喜歡的人，這種心情我很明白。
我也是。
我也有個喜歡的人。

原來我打從一開始就沒有介入的空間了…
原來如此！
既然這樣，我會死心並支持妳的戀情！
咦！
也不需要這樣…

我希望妳能像之前那樣，把我當成同事相處就好。
之後也請妳多加關照了！

鞠躬！

嗯！

我才是，之後也請你多加關照！

心理學檔案

34

關鍵字 ▼ 黑暗效應

昏暗的地方容易讓感情升溫？

美國心理學家肯尼斯・格根（Kenneth J. Gergen）曾做過一項實驗，他找了兩組互不相識的男女，一組六個人，分別讓他們待在明亮的房間與全黑的房間。待在明亮房間的男女，彼此都聊些無關緊要的話題，並隔著一定距離。而待在黑暗房間的男女雖然對話頻率較少，但內容更私密，且彼此距離都很近，甚至還有觸碰對方的情形。

大部分的人在黑暗中會感到不安，比平時更想找個人依靠。此外，暗處會使人淡化對外表的沒自信，而變得更輕鬆自在。這種現象又稱為「**黑暗效應**」（dark effect）。

肯尼斯・格根的實驗

美國心理學家格根將 6 名男女分成一組，分別帶入明亮的房間與黑暗的房間，觀察他們交流方式的改變。

明亮的房間

○人們容易和同性待在一起。
○沒有人換座位。
○聊些無關緊要的話題。
○人們相距大約 1 公尺。

黑暗的房間

●一旦雙方沒話聊時，就會換座位。
●人們會與異性兩兩成對。
●談話內容逐漸轉為私人的話題。
●人們的距離越來越近，甚至出現擁抱等肢體接觸。

實驗時間原定為一個小時，但由於受試者的肢體接觸程度越來越激烈，導致實驗中途就結束。這種現象顯示人們會因為黑暗而感到不安，而想靠近旁人。此外，黑暗又可以隱藏自己外表上的缺點，這種隱蔽性讓人感到輕鬆自在。

心理學用語 Check!

暮光效應

人不只會受到全黑的環境所影響，就連昏暗的環境也會影響人的心理狀態，心理學稱之為「暮光效應」（twilight effect）。不過，這種心理現象並不是單純受到周圍亮度影響，而是指人在生理時鐘調節下，傍晚時判斷力與各種能力皆大幅下降。這個時候正值人們工作結束，精神容易鬆懈、很容易發生車禍，應注意避免發生人為錯誤。

心理學檔案 35

關鍵字 ▼ 羅密歐與茱麗葉效應

禁斷的愛情更具吸引力

莎士比亞名作《羅密歐與茱麗葉》中，男女主角因受到家族大力反對等重大阻礙，使彼此愛火燃燒得更猛烈，最後雙方殉情而死。

當情侶遭遇了共同阻礙或壓力時，往往會愛得更濃烈。心理學家德瑞斯科（Richard Driscoll）將這種心理現象稱為「**羅密歐與茱麗葉效應**」（Romeo and Juliet effect）。

德瑞斯科以多對情侶作為研究對象，結果指出當情侶面臨越大阻礙（如父母反對等），反而會愛得越熱烈。而「阻礙」不光指受到父母反對，還包括禁止辦公室戀情、情侶年齡差距過大，或外遇等不受眾人祝福的戀情。面臨阻礙反而會讓情侶愛火燃燒得更熾烈。

對於情侶來說，父母的反對與旁人目光等於是彼此「共同的敵人」，正如漫畫裡Yuu講師所講的，「只要形成類似共犯的關係，彼此就會像命運共同體一樣緊緊相繫」。

戀愛本該是自由的。父母或他人的反對，等於對情侶的「自

日常生活中的實際運用

研究指出，羅密歐與茱麗葉效應是因為數種效應發揮作用所致。

稀有性原理

有些人之所以會對已婚者萌生愛意，有時候是因為無法得到對方，而在對方身上感受到珍貴的稀有性。行銷界經常會採用限量生產等手法，提高產品的稀有性。在學界看來，稀有性原理和羅密歐與茱麗葉效應兩者原理相同。

認知失調理論

由於「遭旁人反對」，與「我很愛對方、想和對方結婚」的矛盾，會使人有「選擇一方，捨棄另一方」的動機。這種現象便為「認知失調」。當雙方的愛火猛

由」戀愛構成威脅。人天生有自主決定的欲望，一旦感覺自由受他人威脅，往往會反彈，更加執著於實現自己所相信的自由。

不過，相較於「受父母反對」，若雙方是因「外遇」或是「和恐怖情人交往」而受旁人反對，產生了羅密歐與茱麗葉效應的話，就有可能陷入更不幸的深淵。

烈燃燒時，也會強化對對方的愛意，而認為：「既然我這麼愛對方，那我絕對會幸福！」

③ 心理抗拒

當人們被他人逼迫做某件事情時，會感到自由受限，因此選擇唱反調來行使自由。這種現象便為「心理抗拒」。情侶交往受到他人反對時，也會因心理抗拒作用，使愛火燃燒得更猛烈。

越反對越相愛的心理作用

美國心理學家德瑞斯科定期觀察 140 對情侶，將雙方的戀愛熱度與所受阻礙數值化，研究這兩個項目的相關性。結果發現阻礙較多的情侶，戀愛熱度也較高。

研究指出，這項心理效應也包含了心理抗拒作用（被禁止就更想去做）。但後續調查發現，雖然這些情侶因為遭遇阻礙而增進了感情，但熱度只會維持一段時間。長期來看，還是受到周遭認可的情侶結婚機率較高，而這個現象又推導出「社會網路理論」（social network theory）。

心理學檔案

36

關鍵字 嫉妒心策略

「吃醋」心理學

日本八〇年代風行一時的某首流行歌，歌詞描寫女主角讓喜歡的人看異性送給她的情書，希望藉此吸引對方注意。女主角便是運用展現「自己很受歡迎」而引起對方嫉妒的「**嫉妒心策略**」。

若要採取比較溫和一點的做法，則可以找喜歡的對象傾訴煩惱，告訴對方自己因他人的接近而感到很困擾。再加上第五章的**自我揭露**（↓144頁）曾提過，只要聽到有人對自己說「這件事我只能找你商量」，人們就會忍不住想要盡力幫助對方。接下來要進一步發展成戀愛關係，似乎也不是那麼困難了。

男女嫉妒心理的差異

美國心理學家巴斯（David Buss）指出男女嫉妒的理由有明顯差異，男性嫉妒「肉體出軌」，女性則嫉妒「精神出軌」。女性之所以不能理解、包容男性的收藏嗜好，或許也是因為女性感覺這是一種「精神出軌」。當你運用嫉妒心策略時，也需要考慮到男女差異。

嫉妒心策略與注意事項

策略的字義為「作戰」或「戰略」。只要巧妙運用對方的嫉妒心，就能讓雙方關係進一步發展。不過必須注意的是，一旦使用方式錯誤，彼此的關係可能會頓時破裂。

使用時機

〇雙方處於曖昧階段，希望彼此關係有進展。

〇愛情長跑多年想要結婚，但對方卻遲遲沒有動作。

〇彼此相處模式一成不變，已令人無法忍受。

做法

〇和對方說有前輩或同事等不方便拒絕的人向自己告白。

〇與其他異性一起出去玩。

〇暗示對方自己有喜歡的人。

注意事項

〇對象對戀愛越保守效果越好，但要是效果過好則可能導致對方失控。

〇當對方知道你在試探他時，有可能導致你的信用一落千丈。

〇當這一套技巧用在對方身上不太見效時，做得過火反而會讓對方不再對你有意思。

心理學檔案

37

關鍵字 ▼愛情三角理論

愛情三要素

當情侶交往久了以後，可能不再有從前那種怦然心動的感覺，但並不能因此斷定兩人之間的愛情已經冷卻。

美國心理學家羅伯特・史坦伯格（Robert Sternberg）於一九八六年提出「**愛情三角理論**」（triangular theory of love），主張愛的三元素「**親密**」（依戀等緊密情感連結）、「**激情**」（包含性方面在內，彼此湧現高昂情感）、「**承諾**」（認真想要在一起的責任感），並可區分出八種愛情型態。這項理論指出，就算沒有怦然心動的感覺（＝激情），只要保有親密與承諾，就能擁有穩定且深厚的伴侶關係。

愛情三角圖說

愛情可分為親密、激情與承諾三元素，並根據各項要素的有無區分為八種型態，如下方的三角圖說所示。

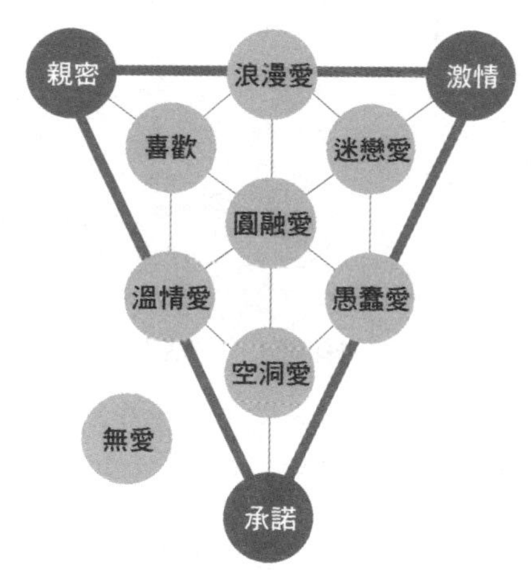

只要缺乏其中一項元素，就會形成不完全、不健全的愛情。若能兼顧每項要素，並取得良好平衡，就能孕育出理想的愛情。

心理學用語 Check!

智力三元論

史坦伯格也提出了三項要素來解釋人的智力構成方式，稱為「智力三元論」（triarchic theory of intelligence）。這套理論在日文稱為「鼎立理論」，鼎是中國古代的烹煮器具，由三隻腳構成整體平衡。這套理論主張人的智力可分為「組合智力」（包括邏輯推理與語言能力等）、「經驗智力」與「情境因應智力」。

心理學檔案 38

關鍵字 ▼消極閾值

「吵架」心理學

即使是感情很好的伴侶，也可能因吵架而離異。心理學家約翰・高特曼（John Gottman）與數學家詹姆斯・穆雷（James Murray）針對這一點，提出了「**消極閾值**」（negativity threshold）理論。

消極閾值高的夫妻不會說出內心不滿，而是一直忍耐。而消極閾值低的夫妻則會因為小事而爭吵。但事實上，卻是閾值高的夫妻離婚率比較高。

閾值高的伴侶會一直累積心中不滿，因此一旦失和就容易造成無法挽回的局面。但閾值低的伴侶只要有一點不滿就會說出口，而能即時修復彼此關係。

可計算的離婚機率

心理學家高特曼與數學家穆雷紀錄了數百對夫妻的對話與表情，發現一旦夫妻開始出現連鎖性的負面對話後，離婚就只是時間早晚的問題。然而，透過觀察紀錄也發現，經常只有正面對話的夫妻，離婚機率也很高。

當夫妻間是一方主導而另一方順從時，表面看來雖然風平浪靜，但其實內心的不滿與壓力會不斷累積，最終陷入無法挽回的惡性循環。反而是那些平時總是吵架的夫妻，由於能夠適度消除不滿的情緒，而能長久維持婚姻。

婚姻的「末日四騎士」

高特曼長年研究如何維持婚姻生活，他指出只要觀察夫妻間是否具有四種毀滅性要素，便能準確預測（準確度達94%！）夫妻是否會離婚。這四項要素分別是「批判」、「防衛」、「不理不睬」與「蔑視」，其中又以「蔑視」最為重要。當一個人被伴侶蔑視時，會對身心造成極大壓力並導致免疫力低下，甚至很有可能罹患疾病。

第9章

自我激勵心理學

嘎——

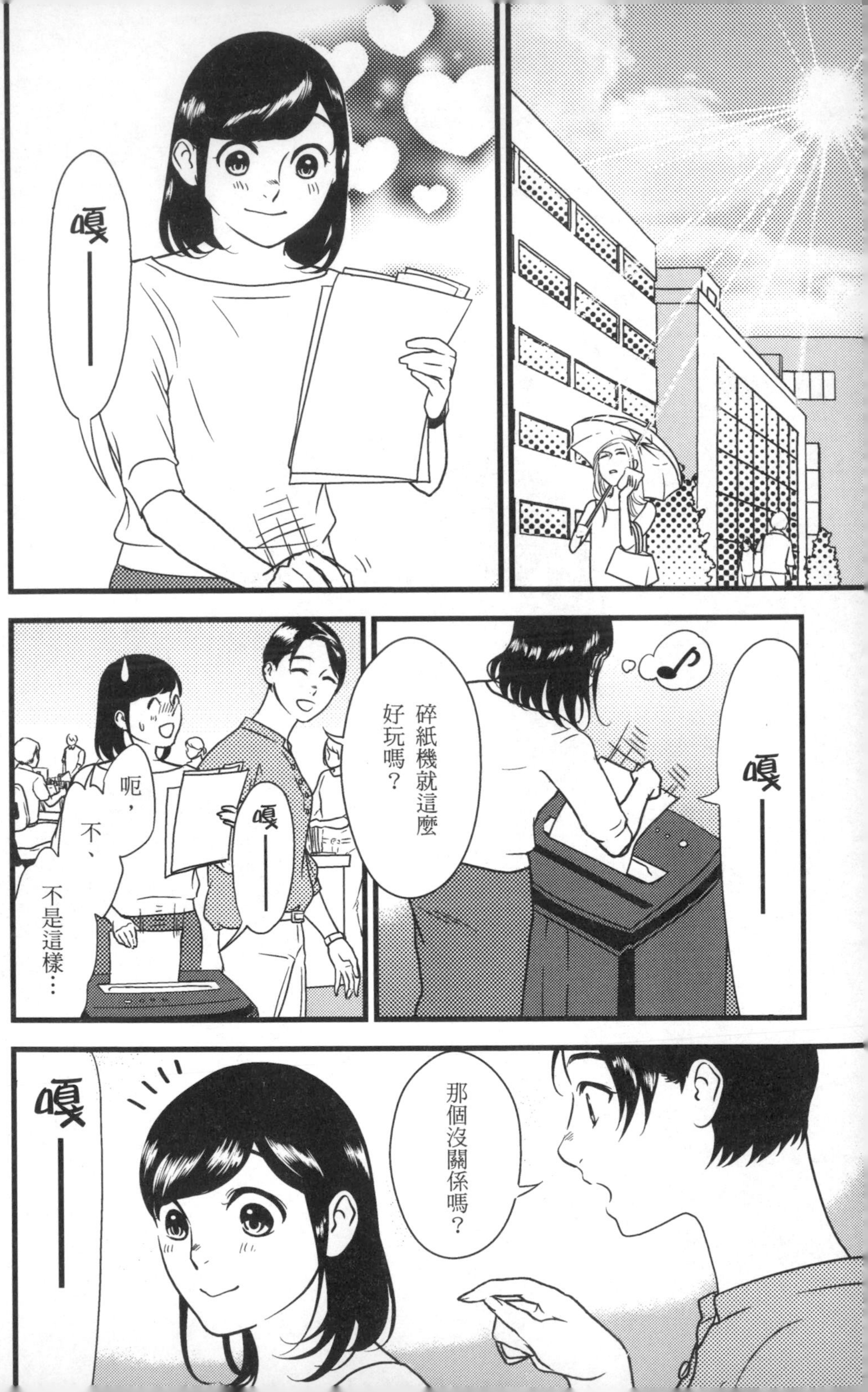

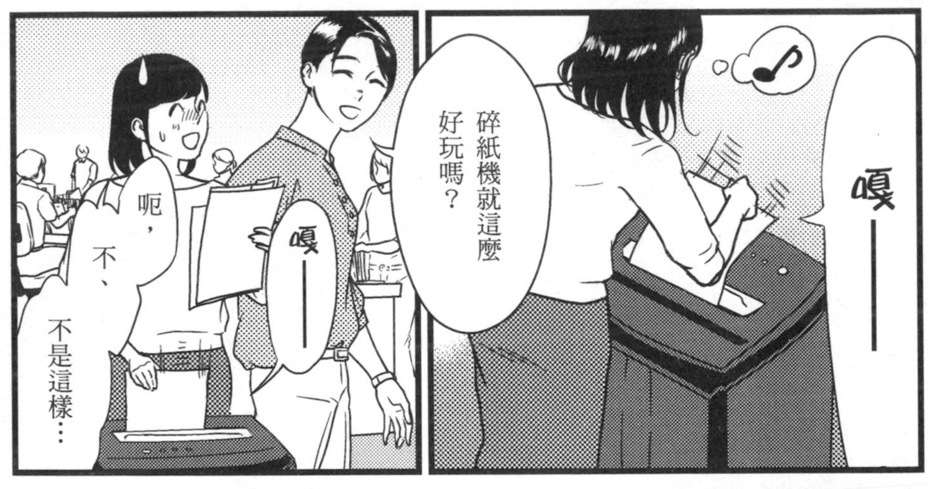

嘎——
碎紙機就這麼好玩嗎？
嘎——
呃，不、不是這樣…

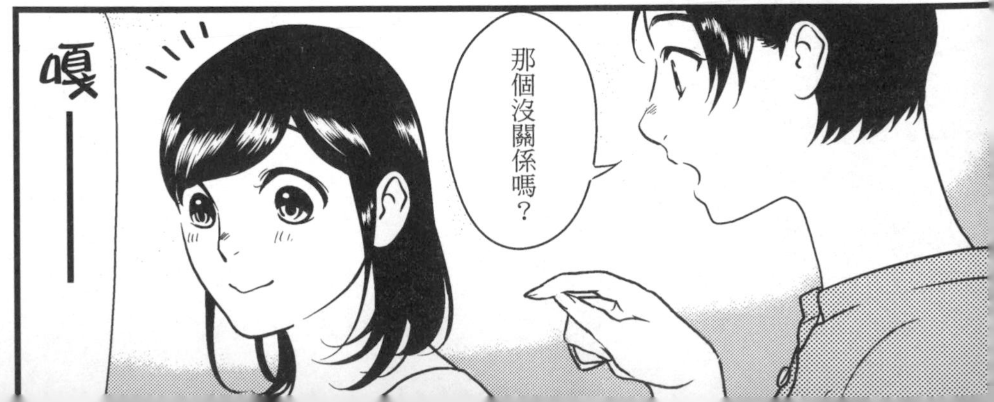

那個沒關係嗎？
嘎——

請款單
嗄——
啊～～!?

破
請款單
碎
實在很對不起…
雖然很想講妳…但都這樣了，那也沒辦法，
不過…

我們換個地方講話吧。

會議室

最近發生了什麼開心的事嗎？

咦？
呃……
該怎麼說呢……
一直到不久前，妳都還是一副悶悶不樂的樣子。
最近卻突然變得很開心，我想應該是發生了什麼事吧。
嗚！
好敏銳！
這方面我並不打算深究。
不過，這是昨天妳交出的訂購單。
上面的數字多了一個零。
訂購書

新人時期本來就很容易犯錯，還好也被我發現了，所以沒出什麼問題。
但是如果都沒有人發現，就這樣送出去，那會給公司帶來多大的損失，我想妳應該明白吧？

……
明白…

既然妳已經明白，那就沒有問題了。

我的話就說到這裡。

喀嘟
…說起來，
今天間宮主任的指責技巧（↓116頁）真是完美…
喀嘟
喀嘟
我再也沒有心思去想Yuu的事情了…
喀嘟

我深刻體認到自己的不足。
雖然我學了一些心理學的技巧，但如果工作缺乏專注力，那就連用都用不上了。

這完全是我自己的問題。
總而言之，必須具備責任感，專注於工作上才行…

現在的我實在沒有臉去見Yuu……
運動用品店
SPORT
我抱著這樣的心情，把心思都放在工作上。

就這樣，夏天也接近尾聲了。
小松川。

開發部請求人手支援。

有個田徑選手在幫我們試穿鞋款，開發部要請妳去詢問他的試穿感想。

不過，那位選手方便的時間是星期六，地點在星海大學運動場…
我這個週末有空，沒問題！
星期六
妳是迪波達的員工嗎？
你好，我叫小松川。
我是樋口。
請多關照。
樋口一志
星海大學研究生，四〇〇公尺賽跑的日本國家隊候補選手

那我就直接切入正題了，請問你試穿的感覺怎麼樣呢？
我覺得抓地力非常棒。

彈性好像略嫌不足…
還有…

…以上跟你確認完畢。

今天非常感謝你的協助。
哪裡，我才要謝謝妳。

間宮先生平時也非常照顧我，我很感謝他。

你認識間宮主任啊？
咦？
他沒跟你說嗎？

他是我的大學學長，所以總是特別照顧我。
原來如此。

看來他真的什麼都沒跟妳說。

話說回來，

間宮學長他…

他覺得妳好像有什麼心事，一直很擔心妳。

他覺得妳應該是失戀了。
謎偵探現身
失、失戀！？
他覺得我和妳年齡相近，叫我可以若無其事地問妳有什麼煩惱。
不過，從妳的反應看來…
他猜錯了。
噗哧！
嘻！嘻！
也很粗線條就是了。
哈哈哈！
間宮學長真的很會顧慮別人呢！
呵！

果然還是不適合我
這樣啊。
原來他那麼擔心我…

我只是有點受不了能力不足的自己，所以就把心思全部放在工作上，結果最近就有點喘不過氣了。
妳是想改變自己嗎？
嗯…

這樣的話，我或許可以幫上一點忙。
我高中時曾創下很好的紀錄，
但到了大學卻陷入瓶頸。

那個時候，我一邊請教練幫我做心智訓練，一邊學習心理學知識。

心理學!?

不過，我還想再多學一點…

對了！

聽說妳是心理系畢業的。
咦！是的…
妳有沒有認識什麼不錯的醫生呢？

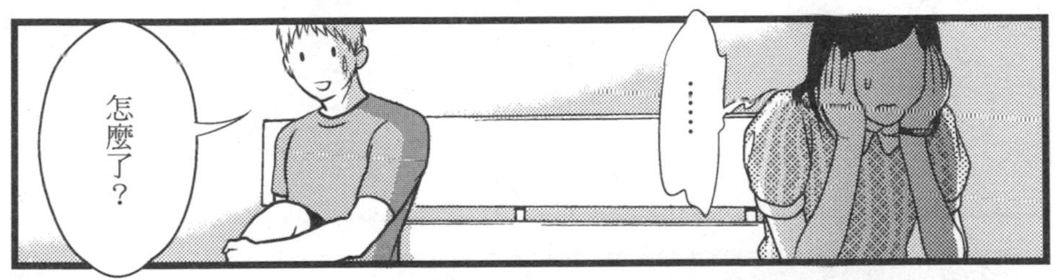
……
怎麼了？

傳送
請稍等一下。
哇
哇
Re:

…我剛剛聯絡認識的醫生，結果他說他很閒，等一下就會過來。
哇！
這麼快就答應了。

不過，大概要過一個小時才會到。
那麼，這段時間我就教妳一些我學到的內容吧。
太感謝你了！

剛才妳提到妳有一陣子都專注在工作上對吧？
是的。
在體育界，「維持專注力」也是運動員的重要課題。
比方說，運動員會有「**例行性準備動作**」。

運動心理學將運動員在賽前（如足球 PK 大賽等），進行的連續特定動作稱為「例行性準備動作」。

①只要在練習時就帶著比賽般的專注度進行例行性準備動作，就能在放鬆狀態下比賽。

②藉由採取特定動作，能有效緩解緊張情緒或提升專注力。

③平時固定進行例行性準備動作的選手，成績會比不進行的選手還高。

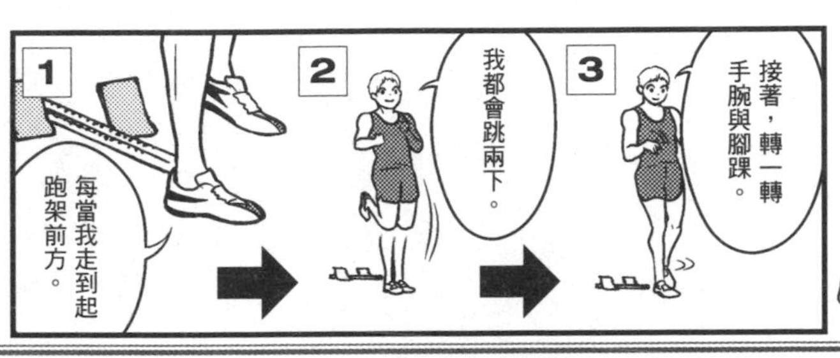

➡ 請見 251 頁！

心理學家耶基斯與多德森以老鼠做實驗，發現當動機（獎勵或處罰）強度過低時，學習效果會下降，動機強度越高則學習效果越好，但超過一定程度又會導致學習效果下降。

➡ 請見 252 頁！

若人們曾犯過重大失誤，當再次面對類似場景，
就有可能會陷入極度緊張狀態，使表現水準顯著下降。
預賽
狀態良好
決賽
狀態不好
為什麼!?
這是我以前的情況

自從那次之後，我就特別注意訂購單是否寫錯，總是會再三確認，導致工作速度變得很慢…
我大概懂這種感覺。

你是怎麼克服的呢？
我運用了「**交互抑制法**」。

心理學檔案 41 ➡ **交互抑制法**

這套理論由南非精神科醫師沃爾普提出，成為治療創傷後壓力症候群等疾病的認知行為療法基礎。

①焦慮或恐懼等緊張情緒，不會與放鬆或幸福等放鬆情緒同時出現。

②若讓那些感到恐懼緊張的人做舒緩肌肉緊繃的運動，便能有效緩和內心恐懼。

③以這套理論為基礎，進一步發展出了「系統減敏感法」與「暴露療法」。

哇啊啊啊！

小孩看到鬼魂的圖畫感到害怕。

抱著喜愛的玩偶，內心的恐懼就減輕了。

焦慮與放鬆是完全相反的情緒，並不會同時出現。

➡ 請見 254 頁！

每當我在做例行性準備動作，覺得身體沒辦法充分伸展時，我都會回想漫畫裡令人感動的場景。
漫畫!?

一想起那個劇情就覺得很想哭。
這麼一來，就能消除原本的緊張情緒…
等到成功消除緊張感後，再重做一次例行性準備動作。
真有趣！

每個人的做法都不同，妳可以找出適合自己的方法。

好！

不過，前面我說到的方法，都是藉由轉換想法來改變行為或反應。

但還有一種方法是將自己徹底轉換為另一種人格，這種心理技巧是戴上「**人格面具**」。

哇——

心理學檔案 ㊷ 人格面具

Persona 在拉丁文是「假面」之意，榮格用它作為指稱「人格」的心理學用語。而此項心理技巧是藉由有意識地戴上不同的假面（＝人格）以減輕壓力。

①人不只擁有一種人格，不同人格面具分別負責面對不同對象或場合。

②為人子女的自己、為人父母的自己、身為員工、主管或屬下的自己，每種身分都戴上了不同的人格面具。

③比方說，當你需要接待討厭的客人時，只要想像自己是一名服務生，就能有效減輕內心的負擔。

櫃台

喂！妳過來一下！

空服員

請問您有什麼需要？

面對討厭的工作或狀況時，只要讓自己化身其他適合的角色，就能減緩焦躁感。

➡請見 256 頁！

這項技巧也很有意思！
但老實說，這跟體育沒什麼關係就是了。

不過，每當我和從未贏過的選手一起跑步時，我會把自己想成是對方從未贏過的人。
這麼一來，就算我最後沒贏，但成績還是會提升。

好厲害！真是好用！
他們聊得興高采烈⋯⋯
沒辦法打斷他們⋯
不小心提早到了⋯⋯

心理學檔案 39

關鍵字 ▼例行性準備動作

如何激發你的最佳狀態？

很多運動選手會在比賽前進行某些固定的動作，這些動作稱為**「例行性準備動作」**（pre-performance routine）。在相撲力士身上，可以見到各式各樣的例行性準備動作。

一旦人們不論在練習或正式比賽時都固定做同樣動作，便能形成制約反射，讓自己不管面對任何狀況都有辦法放鬆。平時持續進行例行性準備動作的選手，會比未這麼做的選手得到更好的成績。

這項技巧也適用於工作，只要平時進行例行性準備動作提高專注度或緩和緊張情緒，就能在開會或簡報時發揮最佳狀態。

心智訓練

如今體育界越來越重視運動員的「心智訓練」（mental training）。為了讓運動員在關鍵時刻提升專注力，有最佳表現，就需要進行能有效提升心理素質的訓練。指導運動員需要具備運動心理學與運動科學等廣泛知識。其中更有多項效果顯著的心智訓練方式，被應用於商業與教育領域上。

例行性準備動作的心理效果

藉由特定動作讓自己放鬆，湧現出一股彷彿處於主場般的自信。

①例行性準備動作

在比賽前所做的動作，例如：於足球 PK 大賽開始前，在胸口畫十字。

②建立例行公事

用例行公事（如整理文件或回信等）分配一天作息，就能提高精準度，發揮效率。

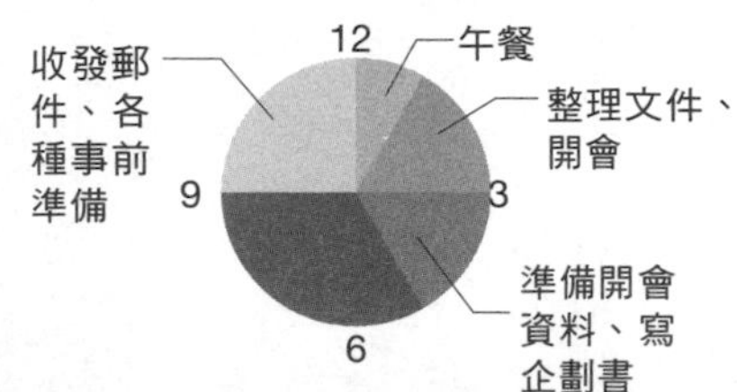

適度的緊張有助發揮潛能

關鍵字▼耶基斯—多德森定律

想必有很多人會在面試、商務簡報與演講等重要場合上，因緊張不已而語無倫次或冷汗直流吧？

當人想呈現最好的一面，認為「我得好好表現，絕對不能失敗」時，便會在無形中累積壓力而不自覺地緊張起來。不過，研究指出，適度的緊張更能促使人做好一件事。

心理學家羅伯特・耶基斯（Robert M. Yerkes）與J・D・多德森（John Dillingham Dodson）以老鼠進行實驗並由此提出了「**耶基斯—多德森定律**」（Yerkes-Dodson law）。此定律指出動機強度過低或過強都會導致學習效果下降。

當人們成功達成目標時可獲得的獎勵過多，或失敗時會受到的懲罰過大，都會給人太大壓力與緊張感。但假如缺乏獎懲制度，則無法使人提起幹勁。舉個例子，假設現在你被交派了某項有難度的工作，而主管對你說：「成功的話就發獎金！」想必任何人聽了都會覺得：「好！我要好好努力！」但若無論成功或失

解決粗心的方法

假如你經常在一些較單純的工作（例如整理文件）犯下粗心的錯誤，那麼最好繃緊鬆懈的神經。當你有壓力時則較不容易出錯，因此最好帶著「再犯錯就要被炒魷魚了」的心情，重新檢查一次文件。

商談

避免陷入「視野狹隘」

在商業場合談判中，倘若太過放鬆自然是一大問題，但假如要求自己一定非成功不可、給自己過重負擔，也不是一件好事。當人們太投入時，視野往往也會變得狹窄。請將壓力控制在適度範圍，讓自己抱有開闊視野。

敗，都不會對你的考績或薪水有影響，那可能也很少有人會全力以赴。

另一方面，假如主管對你說：「要是結果不理想，我就把你革職！」雖然多數人會努力完成任務，但卻可能因大受打擊而無法展現應有水準。若要發揮良好表現，適度緊張才是最好的。

不同事情所需的緊張程度也不同。處理熟悉事物時，需要高強度的緊張或壓力；著手不熟悉的事情時，低強度的緊張會使人處理得更上手。

若希望自己處理事情時不要過度緊張，就需要事先經過無數次的練習，直到熟悉為止。

經營

給屬下適度壓力

對於經營者或業務經理而言，若要達成業績勢必需要對屬下施加壓力。不過，過度的壓力反而會讓屬下表現變差。訂定遠大目標並不是壞事，但假如只會一味對屬下施加壓力，便很難達成長期目標。

動機適度定律

美國心理學家耶基斯與多德森觀察老鼠的學習與電擊（動機）程度，實驗結果指出，電擊程度越強學習效果越好，但當老鼠面對較難的事情時，電擊過強反而會導致表現（學習效果）下降。

簡單的事情
＝區分黑與白

困難的事情
＝體育競賽

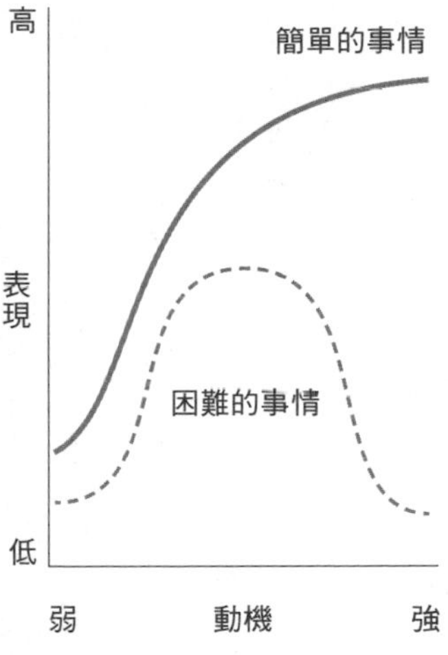

以人類的情況而言，動機就是壓力或誘因，只要有適度動機，就能有最佳表現。

心理學檔案 41

關鍵字 ▼ 交互抑制法

克服不安與恐懼的心理技巧

假如失敗的記憶如心理創傷般在心裡盤旋不去，甚至變成一種恐懼症時，該怎麼辦呢？漫畫裡的田徑選手樋口以「**交互抑制法**」（reciprocal inhibition）克服了這個問題，以下針對交互抑制法進行說明。

交互抑制法是由南非精神科醫師約瑟夫·沃爾普（Joseph Wolpe）提出。第二次世界大戰時，南非屬於大英國協中的一員，當時沃爾普進入英國軍中擔任軍醫，看到許多士兵在戰爭的心理創傷下罹患精神疾病，他為了治療這些士兵的恐慌症與精神官能症，全心投入研究認知行為療法。

正如前面的**例行性準備動作**（→251頁）所述，人們可以藉由採取某些動作或姿勢而幫助心理放鬆與專注。此外，只要能做些紓解身體緊繃的運動，就能緩和精神緊繃。同時，只要緩和精神緊繃，就能再次紓解身體緊繃。

交互抑制法的根本前提是：「焦慮與放鬆並不會同時存在」。當人們感到焦慮或恐懼時，就創造出與之相反的放鬆狀

心理技巧

日常生活中的實際運用

許多方法都運用了交互抑制法的原理，來達到放鬆、安心等效果。以下介紹幾種具代表性的方法。

① 自我肯定型反應

藉由採取自我肯定型反應（→58頁），冷靜陳述自己的恐懼或不舒服的感受，就能緩和這份不安。

② 漸進式肌肉放鬆法

先讓身體用力，感受到自己的緊張，接著再一口氣放鬆全身肌肉。只要不斷反覆練習，就能掌握讓身體放鬆的技巧。

態（鬆弛肌肉或緩慢深呼吸），以消除心中的焦慮或恐懼。

換句話說，當你因焦慮或恐懼而緊張時，只要反覆進行能幫助自己感到放鬆與安心的動作，就能有效消除焦慮與恐懼，甚至再面對讓自己焦慮或恐懼的事物時，能不再焦慮與恐懼。

「**系統減敏感法**」（systematic desensitization）則運用了交互抑制法的原理，實際療法五花八門，漫畫中樋口「回想感動場景」，也是不錯的方法。最重要的是要不斷練習以產生制約反射，才能有效消除負面情緒。

③ 自律訓練法

這是一種催眠療法。在放鬆狀態下，依序感受到自己「手腳沉重」、「手腳溫熱」等要點，以舒緩壓力或緊張情緒。

系統減敏感法

人們以精神科醫師沃爾普所提出的交互抑制法為基礎，進一步設計出能有效治療強迫症與恐慌症的認知行為療法。

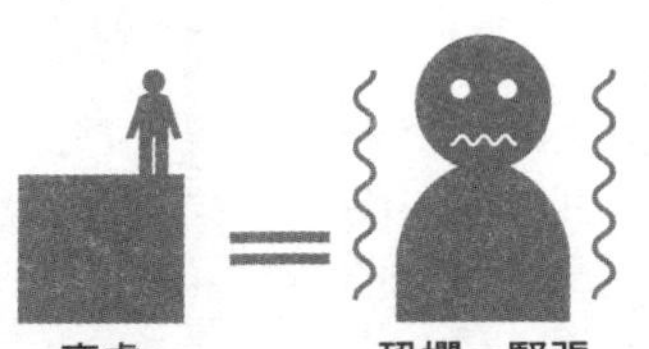

高處　恐懼＝緊張

有懼高症的人光是想像自己站在高處，就會害怕得全身僵硬。

抑制（抵銷）

新的制約反射

高處　讓身體放鬆

這個時候，只要能放鬆僵硬的身體，就能同時緩和內心的恐懼。這就是交互抑制法。

人們以交互抑制法為基礎，設計出一套結合放鬆法與暴露療法（讓患者階段性地習慣恐懼的事物）的認知行為療法，稱為「系統減敏感法」。

放鬆

心理學檔案 42

關鍵字 ▶ 人格面具

切換人格，從容應對

任何人在面對主管與情人時，態度想必不一樣。以「榮格心理學」為人所知的心理學家卡爾・榮格，主張人擁有多重人格。

榮格認為人們在他人面前表現出的人格，全都是用來因應不同狀況或角色的「**人格面具**」（**假面**），人們會根據不同場合而戴上不同人格面具（而內心深處的陰暗或負面部分則稱為「**陰影**」）。

既然在朋友、父母等人眼前的自己，只是其中一種「人格面具」，那麼我們應該也能在某種程度上，有意識地更換人格面具。你是否曾聽到父母說出某些話而感到很惱火，但若是朋友說出一樣的話，卻覺得很有道理。既然如此，如果在面對父母時，戴上面對朋友所戴的人格面具，當你聽到父母所說的話後，應該會有不同的感受。

在生活中，若要控制好自己、避免陷入負面情緒，就必須學會這項做法。比方說，當你面對不講理的客人，感覺自己快要發火時，只要心想「我是處理客

心理技巧

日常生活中的實際運用

工作

成為處理雜事的專家

當你被交派影印、泡茶、碎紙等無趣雜事時，倘若抱著不情願的心情，很有可能會粗心犯錯。這時，請把自己當成是處理雜事的專家。假如內心沒有具體意象，或許以飯店的禮賓部專員為範本是不錯做法。禮賓部專員總是不惜付出勞力以滿足顧客需求，一旦你能抱著這樣的心態處理雜事，便能在完成工作時產生不可思議的成就感。

戀愛

用笑容回應對方的任性

當你對情人的任性感到不悅，卻不知道該包容對方還是發脾氣時，可以想像自己是服務業專家。尤其是牛郎或酒店小姐這種以異性為服務對象的職業人士，

榮格的精神分析理論

榮格認為人面對不同對象時，之所以會有不同的說話方式、感受與反應，是因為人會戴上不同的人格面具（假面）。以日本人而言，有許多人面對不同對象時，會使用不同的第一人稱，這就是更換了不同人格的證據。

訴的專家」、「我是一流的接待員」，或許就能用笑容面對客人而不會發怒。

讓自己化身為「接待專家」，不管聽到對方說什麼都能從容應對，便是戴上了人格面具。就經驗法則而言，從事接待工作的人，大多會在無意間自然運用這套技巧。

在這種情況下，即使與對方相處時感受到壓力，也是由一個不是自己的人格面具來承擔。藉著戴上人格面具，就不需要以真正的人格直接承受壓力，較容易保持平常心。

除了工作領域，在各種社交場合都可以運用這項技巧。像漫畫裡的樋口會在上場比賽時，想肯定就能毫不猶豫地採取適當方式應對。總之，你要盡全力取悅另一半，這麼做至少能減輕自己當下的壓力。

通勤 想像自己是神祕調查客

假如因為「早晨通勤時，擠在擁擠電車裡搖搖晃晃」而心情沉重，那可就不好了。這時請想像自己是神祕調查客，能中立客觀地發表感想：「今天電車的擁擠情形較嚴重。」便比較容易轉換心情。

空檔 需要長時間等待的時候

當自己主動排隊時並不會有太大壓力，但假如是在醫院候診或是點餐等很久，則會令人焦躁不已。這時可以想像自己是正要向大師請教的學生。當你一想到對方行程繁忙還空出時間給自己，反而就會振奮精神，不覺得等待痛苦了。

像自己是一名實力強悍的選手，也是個不錯的方法。

壓力與煩躁會讓人疲憊不堪。若能巧妙活用心理學，隨時保持正向心情，也能避免在人際相處上不斷消耗自身能量而陷入負面模式。

戴上假面的心理效果

一個優秀的演員能想像自己所扮演角色的人格，並且讓自己徹底成為這個角色。雖然我們做不到這種程度，但只要能想像自己從事某項職業，面對事物時就會有不同感受或表現。

請問您需要什麼飲料？

我要茶。

當你們公司來了一位態度蠻橫的客戶，雖然泡茶並非你的工作，但你卻不得不為他泡茶時，只要把自己想像成接待專家，就能有效減輕壓力。此外，這樣做也能提升自己的接待技巧，讓客戶滿意。

阿尼瑪、阿尼瑪斯

榮格認為人格面具是外在的一面，而「阿尼瑪」（anima，男人心中的女性形象）與「阿尼瑪斯」（animus，女人心中的男性形象）則是內在潛意識人格，位於比陰影更深層處。榮格以此說明男性（女性）為何具有女性（男性）的一面，同時，由於社會普遍認為「男性（女性）就應該要這樣」，使得男性（女性）必須戴上相應的人格面具，而阿尼瑪／阿尼瑪斯則有平衡內心的作用。

第10章

自我提升心理學

咻
嗨～
嚇一跳！
噗斯——
Yu、Yuu！
一股作氣
我實在很不習慣打斷別人談話。

好久不見了！
就是他？
我知道最近體育界相當重視心智訓練，不過這並不是我的專業，不知道能不能幫上忙？
你好
幸會
我不小心太早到了，應該沒關係吧？
當然！假日還麻煩你過來，真不好意思。
沒這回事，我需要的不只是心智訓練。
我還想請你教我一些能幫助提升自我的理論或技巧。
喔…
快速
那麼，「成功恐懼理論」如何？

心理學家霍那主張人往往會事先想到邁向成功前的磨練，以及成功後將受到的壓力，而負面看待成功。

○○大合格
我要努力考取我想上的學校！
但是同學的程度太好了，就算我勉強考上可能也無法融入大家…真是太悽慘了。
太悽慘了

人往往會在無意識間拒絕成功。

具有這種傾向的人，往往會對自身動機或表現帶來負面影響。

➡ 請見 281 頁！

對，我就是想學這種理論！
啪！
其實，這正是我陷入低潮的原因之一。

你曾經害怕成功嗎？

雖然當時自己並未察覺，但其實我在高中全國大賽創下了不錯的紀錄之後…

我面對了更嚴格的訓練，卻還是無法獲得卓越成效。這股焦慮讓我變得更消極。

惡夢

代表國家比賽的壓力真的好大…

這種現象不只會出現在特別輝煌的成就上，像婚前憂鬱也是代表性例子。

假如我和Yuu發展順利的話…
Yuu
胡桃

站到了幸福頂點之後…
黑暗
原來如此。因為已經沒辦法再更幸福了，這種感覺很令人害怕…

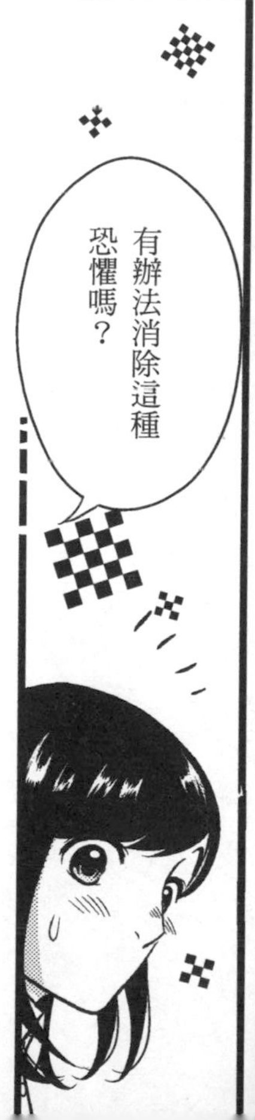

有辦法消除這種恐懼嗎？

首先，必須明白自己有迴避成功的傾向。
哦—

接下來，再一次感受自己「想要成功」的心情，並採取相應行動。

我的情況是……

我不知為何突然下定了決心。

我想，就算事情真的跟我想的一樣，我也會坦然接受。

你的內心真堅強。

既然你內心這麼堅強，那麼也可以試試「自我肯定理論」。
只要盡全力肯定自己的理想或期望，就能激發潛力。

心理學檔案 44
自我肯定理論

大部分成功人士會想像自己成功後的模樣，並明確表明未來目標。只要這麼做，就會改變潛意識為正向積極的狀態。

①使用「我要做」、「我能」等肯定句，描述未來將做的事或現在的事實。

②不使用「雖然很難熬但我要努力」這種負面用語。

③一定要以「我」作為語句開頭。

作文
我一定要成為棒球選手！
10年後
HERO
INTERVIEW
歡聲
雷動
我一直都相信我能成為棒球選手！

➡ 請見 282 頁！

自己真正渴望的事物…

嗯。
強而有力地肯定懷抱夢想或理想的自己。

麻煩你了
OK!
企業運動會
肯定理想中的自己…
啪!
咻!
雖然我現在已經克服了低潮，但或許還能再進一步提升自己。
雖然我還有很多不足之處，
但仍希望能在教練和同伴協助下，不屈不撓地邁向我渴望的未來。

想要達成一項重大的目標，「不屈不撓」確實相當重要。
不過，只有這樣還不夠。你是否確實相信自己有辦法達成渴望的目標呢？
咦？

心理學檔案 45 ➡ **自我效能**

由加拿大心理學家班杜拉提出，它是一股能幫助自己達到目標的重要信念。

①當人要達到理想結果（目標），就必須擁有「結果預期」與「效能預期」。

②「只要採取某項行為，就能得到某項成果。」這種預測行為稱為「結果預期」。「若要得到某項成果就必須採取某項行為，且深信自己做得到。」這種信心則稱為「效能預期」。

③自我效能指的是效能預期的程度。自我效能越高，就越能在強烈動機推動下進行該項行為，進而獲得理想成果。

➡ 請見 283 頁！

每當日本人達成某項成就時，總是會說：「這都要歸功於那些協助我的人。」
越飽滿的稻穗垂得越低
雖然謙虛是種美德，但那些成就大事的人，都深信「自己一定做得到」。
相信自己⋯
沒錯。
成功不是別人的功勞，失敗也不是別人害的。
唯有那些直到最後一刻都相信自己能力的人，才能達成自己的理想。
心癢
難耐
⋯我突然好想跑步！

內心
開花～
感覺我現在能跑出很好的紀錄！
那就和我賽跑吧。
我一直很想體驗頂尖運動員的跑步速度～
我有話要和你說…

……

對不起，一直沒有聯絡你。

這不是什麼需要道歉的事……

不過我當時真的有點擔心妳。

不好意思。

明明你和袴田教授幫我那麼多，我卻始終無法進步…我覺得這樣的自己很丟臉，所以才沒聯絡你…

其實妳根本不需要在意這種事情啊。

不只是因為這樣。

我喜歡你。
自從我察覺到自己的心意後，這份感情就變得越來越強烈…
我一直很害怕心中這份不再單純的感情會被你看穿。
但是，今天聽了你的一番話，我終於知道我在害怕什麼了。
比起擔心被你討厭…

我現在還是有許多不足之處，就算真的交往，肯定也不會順利…

不僅根本看不出交往的可能性…

更看不到交往後能有什麼未來…

這一點才是我最害怕的。

但現在我終於明白，如果一直懷著這種恐懼，我就絕對無法成長…

所以我才鼓起勇氣說出現在的心情。

啊！
不過請你不要立刻給我出答覆！

等有一天我更有自信後，我想再告白一次！
所以…我可以一直喜歡你，直到那一天到來嗎？

真厲害！

我現在打從心底感動…
什麼…
妳的勇氣讓我感動。
咦？

那個…
等一下。
可以讓我整理一下思緒嗎？
什麼勇氣？
嗯！
整理好了！

其實我今天過來，也有話想對妳說。
感覺怪怪的。

我想跟你談阿德勒的「課題分離」。
昏倒！

心理學檔案 46 ➡ 課題分離

心理學家阿德勒為「個體心理學」的創始人。他指出，由於人們無法改變他人，因此思考時應該將自己與他人的課題分開。

①比方說，父母會對子女說：「快去讀書。」不過，是否讀書進入好學校是子女的課題。

②父母能做的，是告訴子女這是他的課題，以及預先做好準備，確保能在必要時刻協助子女。

③假如勉強子女讀書進入好學校，日後當他遭遇挫折時，很有可能會推卸責任說：「都是父母的錯，我才會變成這樣。」

自己的課題	 如何活出自我	  自己能採取何種行動	 自己有什麼感受
他人的課題	別人要如何活出人生	別人能對自己做些什麼	   別人如何看待自己

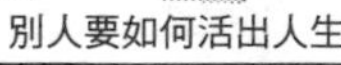

人們往往會不自覺把別人的課題當成是自己的，這麼做是不對的。

➡ 請見 284 頁！

我本來以為妳是因為顧慮我，所以才刻意不與我聯絡，所以我想告訴妳，妳的想法錯了。
抬頭！

這樣啊？
到底會不會給我添麻煩，應該是我說得算吧？
人們當然必須為他人著想。

不過，在思考事物時應該將自己與他人的課題分開，不應該插手他人的課題。

我不應該阻止妳煩惱自己的事情，妳也不該自顧自地認為妳會為我添麻煩，而強行改變妳原本想採取的行動。

妳煩惱也沒有用的。

我一定會給他添麻煩。

那麼…找你商量不會給你添麻煩嗎？

不會！我反而很期待，想著妳什麼時候會聯絡我。

再來，關於妳剛才問可不可以一直喜歡我…
答案是當然沒問題。
真的嗎？
妳的愛慕之情是妳的課題，而假如妳要求我給出一個答覆，那就變成了我不得不思考的課題。
對我來說，這樣反而是好事。
現在的我很難給妳肯定的答覆…
這不代表妳沒有女性魅力喔。
而是因為我也有我自己的課題…

妳還記得嗎？我們剛認識的時候，我曾經要求妳不要叫我老師。
當時我隨便用一個理由搪塞過去…
在從前任教的大學裡，
我和一位同間母校的後輩，彼此感情很好。
當我升為助理教授後，
他開始用半開玩笑的口吻稱呼我「老師」。
但是，某一次我犯了錯而從助理教授降級。
從那時起，他就不再叫我「老師」。
我們之間變得越來越生疏，最後他甚至會刻意避開我。

或許他有什麼其他理由吧。

不過，自從那個時候起，我們的關係就徹底變成了上對下的關係。

正如同他對我的稱呼一樣。

「老師。」

這樣是不對的嗎？

人的職位與能力一定會有上下之分。

不過…

假如人際關係只剩如此，那麼當階級關係瓦解後，人際關係也會跟著瓦解…

自從那次之後，我就盡可能不讓別人叫我老師。

對妳也一樣，我希望能和妳處於對等的關係。

不過，要讓妳真的這麼想，或許還需要一些時間吧…

聽了Yuu的獨白後…

我感覺自己第一次觸碰到了他的內心。

謝謝你告訴我那麼多事。

我的心中湧現了一股不可思議的滿足感。

正如你所說的…

緊握！

我現在仍然無法和你處於對等的關係。

總有一天，

我一定會成長到能陪你商量煩惱！

所以，直到那天來臨為止…

請你繼續教導我各式各樣的事情。

拜託了！

我才是。

今後也請多關照。

呼!呼!咚!

呼!

呼!

我看看…哇~和我的最佳紀錄一樣快。

呼!

呼!

天空好遼闊。

啊哈哈!

嗯?

她笑得真燦爛。

看來間宮學長的顧慮擔心還是有點用的。

心理學檔案
43

關鍵字 ▼ 成功恐懼理論

大膽展開行動

恐怕沒有人會不希望自己成功，但令人意外的是，其實有許多人會無意識地「害怕成功」。心理學家麥第納・S・霍那（M. S. Horner）於一九六八年提出「**成功恐懼理論**」（fear of successs），主張人往往會負面看待成功。

人為何會害怕成功？霍那指出人會無意識地預想通往成功的路上將充滿荊棘，並設想成功的代價與將背負的巨大壓力，因而懼怕並極力避免成功。

如果你有強烈的**成功恐懼傾向**，解決的第一步就是必須察覺到自己有這種傾向，接著要由衷地想：「但我還是想成功！」最後再化為實際行動。

畏懼成功的心理

你真的希望成功後身處環境產生變化嗎？心理學家霍那認為人（尤其是女性）會在潛意識中恐懼成功。

要是我成功的話…

霍那於 1974 年提出成功恐懼理論，當時女性踏入職場的情況並不普遍，因此成功恐懼傾向大多出現在女性身上。不過，現在的環境已經改變，男女擁有此傾向的比例已沒有太大差異。

心理學用語 Check!

成就動機理論

當人努力朝目標邁進時，會具備哪些動機或需求？美國心理學家麥克利蘭（David McClelland）認為一共有三個需要與一項動機，分別是「成就需要」（想要憑藉自身力量達到成就）、「權力需要」（喜歡控制別人）、「親和需要」（喜歡幫助他人）以及「迴避失敗的動機」（畏懼風險而傾向於配合旁人）。假如你想知道幹勁的源頭，可參考這套理論。

心理學檔案
44

關鍵字 ▼ 自我肯定理論

實現目標，從潛意識做起

想要實現夢想，最重要的莫過於努力。心理學領域裡就有許多幫助人激發最大潛能的技巧，讓自己所付出的努力更容易帶來理想成果。而「**自我肯定理論**」（self-affirmation theory）就是其中一種技巧。

「自我肯定」是指藉由宣稱並大力肯定自己的理想、願望或目標，從而對自己的潛意識帶來正面影響。具體的陳述方式是以第一人稱且正面的詞語，陳述自己應該做、正在做或能做的事，例如：「我要做〇〇！」「我能〇〇！」但你不一定要在眾人面前宣稱，就算只是自己在口中默念，或寫在日記裡也都有效。

實踐理想的心理技巧

只要以正面語句宣稱自己將實現理想，就能對潛意識帶來正面影響。不過，倘若方法不對，效果也會減弱。美國的自我啟發作家夏克蒂．高文（Shakti Gawain）對此提出了七個祕訣。

正確運用自我肯定理論的七個祕訣

1 一定要「客觀論述」
✕ 我想變得…　〇 我會變得…

2 使用正面語句
✕ 我不要…　〇 我要…

3 簡短陳述
〇 我要考上醫學系，當一名醫生。

4 陳述與自身情況相符的內容
✕（明明體育不好卻說）我要當運動員。

5 記住自己要開創新事物
✕ 我要做…（但其實每個人都辦得到）。

6 不陳述違背本意的內容
✕ 我要當醫生（但其實並不想）。

7 陳述時盡可能相信自己陳述的內容
✕ 我要當醫生（但是絕對當不成）。

自我應驗預言

有一種心理學理論與自我肯定理論很相似，名叫「自我應驗預言」（self-fulfilling prophecy）。這種現象指的是當人們相信某種預言時，往往會在無意識中採取順應該預言的行為。「自我應驗預言」和「自我肯定理論」兩者原理相同，差別只在於兩者面對銀行破產等負面預言時，會採取不同的應對方式。在此提醒各位切勿相信負面預言。

心理學檔案

45

關鍵字 ▼ 自我效能

正向思考的力量

每個人終究還是得靠自己完成目標。然而，深信自己「一定做得到！」意外地能有效幫助自己達成目標。

加拿大心理學家亞伯特・班杜拉（Albet Bandura）將「深信自己無論如何都能憑藉自身力量獲得良好成果」的自信心稱為「**自我效能**」（self-efficacy）。

當人們要達到理想結果，就必須擁有「**結果預期**」（只要採取某項行為，就能得到某項成果）與「**效能預期**」（深信自己能為了成果而付諸行動）。自我效能則表示效能預期的程度，自我效能越高，就越能在強烈動機推動下行動，獲得理想成果。

形成自我效能的前提要素

「相信自己做得到」能為自己帶來良好表現。不過，如果只是口頭說說，就未必能真正產生這種心態。要形成「自我效能」需要具備幾項前提。

①成功經驗

過去的成功經驗，能為自己帶來自信。

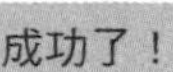

②替代性經驗

觀察他人達成目標的模樣，也能為自己帶來自信。

③社會說服

當自己信賴的人或已經成功的人以言語鼓勵自己、告訴自己做得到，也能幫助自己形成自我效能。

④生理狀態

有時當人的情緒亢奮時，會形成毫無根據的自我效能。這種亢奮感是由酒精或藥物產生。

心理學用語 Check!

自尊

自尊（self-esteem）與自我效能相當類似，前者指尊重並接受自己真實的樣貌。高自尊的人在著手困難工作時，比較容易抱持正面心態，因此自尊對人們而言相當重要。但若自尊過高有可能導致無法接受任何失敗，相反地，自尊過低則很有可能陷入憂鬱、心理依賴，甚至自殺，因此保持在恰當程度才是最好的。

心理學檔案 46

心理界限活出自我

關鍵字▼課題分離

本書已經介紹了許多心理學技巧，但歸根究柢，你依舊是你，別人依舊是別人。不管你運用了多少心理學技巧，也不可能將他人徹底變成自己理想的模樣。

阿爾弗雷德·阿德勒提出了「**個體心理學**」，他認為之所以會有人際煩惱，都是因為人們想將他人變成自己想要的樣子，同時他也否定了這項行為。若想解決人際問題，就必須釐清各項事物是屬於誰的課題，並區分自己與他人的課題，假如是他人的課題就不要隨便插手。這種做法稱為「**課題分離**」。

舉個例子，父母經常會叫子女「快去讀書」，認為這是對子女好，但其實好好讀書、考上好學校是子女的課題，不是父母的課題。父母該做的只有從旁協助，幫助子女面對自己的課題，而最後子女的考試結果是好是壞，以及日後將會有怎樣的人生，本該是子女自己的課題。

假如父母過度干涉，強硬逼迫子女讀書、考上好學校，一旦子女發生任何問題，就很有可能

心理技巧

日常生活中的實際運用

工作▼**不要求對方感謝自己**

為公司、主管或工作夥伴做出貢獻，可說是理所當然的事情。不過，不能因為沒有任何人感謝自己而心生不滿，因為「是否感謝你」屬於他人的課題。你只需要確定自己真的對他人有所幫助，將貢獻感停留在自我滿足就行了。貢獻他人的目的，本就是為了確認自己身為共同體一員的存在價值。

戀愛▼**好好溝通不忍耐**

「不想被討厭，所以忍耐。」為了擁有圓滿的人際關係，或許有時不得不忍耐。但其實對方是否討厭自己是他的課題，這是自己完全無法改變的事情。但要是一味忍耐而讓壓力不斷累積，最後才爆發——這樣才真的會被討厭。假如

實踐課題分題的心理技巧

阿德勒心理學認為「所有問題都是人際關係上的問題」。而人際關係之所以會出現問題，則是由於輕易插手他人的課題所致。

無法做到課題分離

父母經常會叫小孩：「快去讀書。」這就是輕意插手小孩課題的行為。這麼做不只小孩的成績不會進步，甚至還會衍生更多問題。

如何實踐課題分離？

首先，要區分父母與小孩雙方的課題。小孩的課題為是否要讀書，父母的課題則是思考自己要如何做，才能對小孩的人生有所貢獻。

將責任推卸給父母說：「我會變成這樣都是父母害的。」我們有時會看到新聞報導說學生在升學率高的學校受挫，而變得閉門不出或是對父母施暴。細究這類案例，往往會發現這些父母曾強硬逼迫子女讀書。

一樣的道理，過度在意「別人如何看待我」也不好。雖然我們都必須為他人著想，但其實「對方怎麼想的」終究是對方的課題，一旦過度在意對方的想法，往往會導致自己畏縮不前，而讓事物往錯誤方向發展。

自己人生的主角是自己。一樣的道理，他人的人生主角，終究也是他人。

加拿大心理學家艾瑞克・柏

對方讓你不悅或不滿，記得當下就要好好溝通，不要讓自己累積額外壓力。

別害怕放下權力

當人們在教導他人時，總希望對方能真正學會，有一天能真正放手。要是你不放手讓對方去做，就代表對方不需負責，對方也不會認為那是他的課題。請你抱著「即使對方失敗也無妨」的心態，將事情完全交給對方，你只要靜靜地在旁守護即可。

家庭

思考自己能做的貢獻

家人是最重要的共同體，因此往往很難實踐課題分離。也許家庭主婦會認為所有家事都是她的課題，但如今家事由夫妻共同分攤的觀念已相當普遍，因此很難釐清是誰的課題。當遇到這種情況時，請你思考一下你能做什麼來讓這個家圓滿安康。這件事無疑是你自己的課題，同時也是貢獻的絕佳機會。

恩（Eric Berne）受到阿德勒的影響很深，他曾說過：**「你沒辦法改變過去與他人，但你可以改變現在這一刻起的未來與自己。」**

好好正視自己的心情，活出自己的人生吧！若想做到這一點，就必須採取正向且積極的行動。而心理學知識肯定對此有所幫助。

阿德勒心理學的思想

阿德勒的心理學稱為個體心理學，其中包含了相當獨特的觀念。當人們面對自己的課題並期望能達成目標時，這些觀念能為我們帶來許多啟發。

目的論

阿德勒心理學認為人們所有的行為背後都有「目的」（而非原因）。舉個例子，在「不想工作」的負面言行背後，有著「想要擁有更多自由時間，才能出去玩」的目的。一樣的道理，精神疾病的背後也只存在著目的（而非原因）。

我不想工作！

＝我還玩得不夠！

社會興趣

人們天生就希望能在共同體（社會）中感受到自己的存在價值，因此人們不只會做有益自己的行為，也會做有益他人的行為。

信賴他人、貢獻他人

想提高自己在共同體中的存在價值，就必須信賴他人並為他人做出貢獻。輕易插手他人的課題就是一種不信賴他人的行為。在信賴他人的基礎上，進一步思考自己能為他人做出哪些貢獻，就是自己的課題。

你快去○○！

若不信賴他人，就無法對他人做出貢獻。

個體心理學

阿德勒將他提出的心理學取名為「個體心理學」（individual psychology）。名稱源自於個人（individual）是一種無法（in）分割（devisible）的存在。原本阿德勒與佛洛伊德及榮格一同進行研究，但其他兩人認為意識下方隱藏著潛意識，人的心理是層層分割開來的，而阿德勒並不同意這套說法，便開創了新的心理學學派。

參考文獻

《愛される人、愛されない人の話し方》／YUUKI YUU 著（寶島社）

《相手の心を絶対にその気にさせる心理術》／YUUKI YUU 著（海龍社）

《相手の心を絶対に離さない心理術》／YUUKI YUU 著（海龍社）

《相手の心を絶対に見抜く心理術》／YUUKI YUU 著（海龍社）

《相手の性格を見抜く心理テスト　ゆうきゆうのキャラクター　プロファイリング》／YUUKI YUU 著（MAGAZINE LAND）

《打たれ弱～いビジネスマンのためのゆうき式　ストレスクリニック》／YUUKI YUU 著（NANA. CORPORATE. COMMUNICATION）

《おとなの1ページ心理学》／1～6巻　YUUKI YUU 原作　SCU 繪（少年画報社）

《ココロの救急箱》／YUUKI YUU 著（MAGAZINE HOUSE）

《こっそり使える恋愛心理術》／YUUKI YUU 著（大和書房）

《3秒で好かれる心理術》／YUUKI YUU 著（ＰＨＰ研究所）

《心理学入門―心のしくみがわかると、見方が変わる》／YUUKI YUU 監修（學研）

《「第一印象」で失敗したときの本　起死回生の心理レシピ１００》／YUUKI YUU 著（MAGAZINE HOUSE）

《たったひと言で心をつかむ心理術》／YUUKI YUU 著（徳間書店）

《ダメな心によく効くクスリ》／YUUKI YUU 著（日本實業出版社）

《ちょっとアブナイ心理学》／YUUKI YUU 著（大和書房）

《出会いでつまずく人のための心理術》／YUUKI YUU 著（NANA. CORPORATE. COMMUNICATION）

《「なるほど!」とわかるマンガはじめての心理学》／YUUKI YUU 監修（西東社）

《「なるほど!」とわかるマンガはじめての嘘の心理学》／YUUKI YUU 監修（西東社）

《「なるほど!」とわかるマンガはじめての自分の心理学》／YUUKI YUU 監修（西東社）

《「なるほど!」とわかるマンガはじめての他人の心理学》／YUUKI YUU 監修（西東社）

《「なるほど!」とわかるマンガはじめての恋愛心理学》／YUUKI YUU 監修（西東社）

《「ひと言」で相手の心をつかむ恋愛術》／YUUKI YUU 著（ＰＨＰ研究所）

《マンガでわかる心療内科》／1～15巻　YUUKI YUU 原作　SOU 繪（少年畫報社）

《もうひと押しができない！やさしすぎる人のための心理術》／YUUKI YUU 著（日本實業出版社）

《モテモテ心理術》／YUUKI YUU 著（海龍社）

漫畫 面對不解的人與事，就用心理學戰鬥

マンガでわかる！心理学超入門

監　　修　YUUKI YUU
繪　　者　楠田夏子
插　　畫　栗生ゑゐこ
設　　計　森田千秋（G.B. Design House）
繪圖協力　東京デザイナー学院
執筆協力　大越よしはる
編輯協力　住友光樹（株式会社 G.B.）
譯　　者　邱心柔
主　　編　呂佳昀

總 編 輯　李映慧
執 行 長　陳旭華（steve@bookrep.com.tw）

出　　版　大牌出版 / 遠足文化事業股份有限公司
發　　行　遠足文化事業股份有限公司（讀書共和國出版集團）
地　　址　23141 新北市新店區民權路 108-2 號 9 樓
電　　話　+886-2-2218-1417
郵撥帳號　19504465 遠足文化事業股份有限公司

封面設計　FE 設計 葉馥儀
排　　版　藍天圖物宣字社
印　　製　成陽印刷股份有限公司
法律顧問　華洋法律事務所　蘇文生律師

定　　價　380 元
初　　版　2019 年 2 月
二　　版　2024 年 2 月

電子書 E-ISBN
9786267378526（EPUB）
9786267378519（PDF）

國家圖書館出版品預行編目資料

漫畫 面對不解的人與事，就用心理學戰鬥 / YUUKI YUU 監修；
邱心柔 譯 . -- 二版 . -- 新北市 : 大牌出版 , 遠足文化發行 , 2024.02
288 面 ; 14.8×21 公分
譯自 : マンガでわかる！心理学超入門
ISBN 978-626-7378-53-3 (平裝)
1. CST: 心理學　2. CST: 漫畫

170　　113000749